プロの小説家が教える

歴史作家の㊙ネタ帳

輝

プロの小説家が教える
歴史作家の㊙ネタ帳

目次

プロの小説家が教える　歴史作家の㊙ネタ帳

第1話　妖刀の物語

戦国
江戸

村正《むらまさ》の刀は、徳川家に仇《あだ》なす〝妖刀〟といわれてきた。

最初に犠牲になったのは、家康の祖父の松平清康《まつだいらきよやす》だ。織田信長の父の織田信秀《のぶひで》と対陣中に事件はおきた。陣内で馬が暴れたために、清康が「捕らえろ」と命令を出した。これを聞いたある家臣は、「自分の父親を捕らえろ」と勘違いした。というのも、その家臣の父親が謀反の疑いをかけられていたからだ。家臣は清康を斬りつけ、これを殺害する。この時の刀が二尺七寸の村正だったという。

勘違いから殺害にいたったわけで、コントのような冴えない展開だ。が、三河《みかわ》を席巻し尾張《おわり》にさえ領土を拡張しようとしていた松平家は、以後、凋落を余儀なくされる。

ちなみに清康を斬った家臣はその場で植村新六郎《うえむらしんろくろう》という家臣に成敗され、謀反の疑いをかけられていた父親は清康の息子の松平広忠《ひろただ》をその後も支え続けたという。

次に村正の凶刃に襲われたのは、家康の父の広忠だ。広忠も暗殺者に襲われ、その時に使われた凶器が村正だったのだが、史料によってはこの時、広忠が死んだというものもあれば、傷を負っただけで数年後に病死したというものもある。さらに凶器が村正だと言及していない史料もあり、本当に村正で殺されたか確証はない。

面白いのは、広忠の襲撃者を成敗したのが、清康暗殺事件で活躍した植村新六郎だったことだ。『寛政重修諸家譜』の植村新六郎の項目にもふたつの暗殺事件が書かれており、広忠暗殺犯を倒した時など

はふたり共に堀へと落下し、

「某《それがし》をいたわるべからず、共に害せよ」

と叫んだという。凄まじい執念である。

めでたく新六郎は暗殺者の首を斬り、自力で堀から這い上がった。

次に、家康の嫡男の松平信康《のぶやす》の介錯《かいしゃく》の刀も村正だったといわれている。ただ、村正が使われたと記されている史料は十八世紀初頭以後に執筆され、それ以前の史料では凶器について言及がない。ゆえに、これも村正が使われたかは怪しい。

信康介錯の刀が村正だと記されている『落穂集』を見ると、家康が人質として駿河《するが》にいた時、小刀で腕を怪我し痛みを訴えたという逸話もある。実は、この刀も村正であった、という内容だ。

さらに、村正の刀についての家康の反応が書かれてある。


〈御当家に対し不吉と思召され候〉

〈村正の打物類をは悉く取捨候〉


他にも、関ヶ原合戦の時、村正の槍を家康が確かめようとしたら指に怪我を負ったという話もある。

指を怪我したぐらいで大袈裟な、というのが正直な感想である。

なにより村正が徳川家に仇をなしたのが確実なケースは、最初に示した祖父の清康暗殺の例しかない。

実は、家康は村正を不吉なものと思っていなかった。というのも、尾張徳川家への家康遺品の中に村正があるからだ（実際に徳川美術館に収蔵されている）。本当に不吉な刀なら、遺品として息子に贈るなどありえない。祖父を殺した刀だが、家康自身は村正の刀を不吉だとは考えていなかった。家康が村正の刀を不吉と思い、ことごとく捨てたというエピソードの方が創作なのだろう。

だが、一度、不吉なイメージがつくと、村正伝説はどんどんと肥大していく。

大坂夏の陣の真田幸村《さなだゆきむら》も家康打倒のために村正の刀を持っていた。

長崎奉行・竹中重義《たけなかしげよし》の改易理由が、村正を所持していたから。

幕府転覆を謀った由井正雪《ゆいしょうせつ》の佩刀《はいとう》が村正であった。

文政六年（一八二三）におこった千代田の刃傷事件に使われた刀が村正だった。

どれも確かな証拠はない。明らかにデマといえるものも多い。このへんはＳＮＳで間違って犯人と決めつけられてしまうと、容易に覆らない現代の現象と似ている。

江戸時代の川柳にも村正が使われた例があるが、いいイメージのものはない。

〈村正ハやみうちにする道具なり〉（川柳評万句合）
〈有徳の君へ村正刃ハたたず〉（川柳評万句合）
〈村正を和尚とうとう餅につき（持て余し）〉（柳多留拾遺）

さらに歌舞伎の世界にも村正は妖刀として進出する。

寛政九年（一七九七）初演の『青楼詞《さことば》合鏡《あわせかがみ》』は、百姓が花魁《おいらん》を村正で惨殺する内容だ（ただし、刀を備前国行とする脚本もある）。

万延元年（一八六〇）初演の『八幡祭《はちまんまつり》小望月《よみやの》賑《にぎわい》』の内容もすごい。ふられた腹いせで、男は村正で芸者を刺し殺す。だけでなく、自暴自棄になって次々と人々を殺《あや》めていく。現代でもおこりそうな事件だ。そして最後は、殺した芸者が生き別れた妹とわかり、ショックのあまり自害する。救いがこれっぽっちもない作品である。

面白いのは、幕末になると現実が虚構に近づいてきたことである。

村正は、倒幕のシンボルとなったのだ。

有栖川宮熾仁《ありすがわのみやたるひと》親王は戊辰《ぼしん》戦争では東征大総督《とうせいだいそうとく》となり、軍を率いて江戸を目指した。その時、腰に帯びていたのが村正の刀だった。また西郷隆盛の遺品の中に、鉄扇があるが、仕込み刀になっており、その刀は村正のものだという。

倒幕特需で、村正の偽物が盛んに生み出されたというから、コロナ時にマスクや消毒液を高値で売る悪徳業者を彷彿とさせる。

妖刀伝説が、いつのまにか虚から実へと変わった村正。その数奇な運命は、まさに妖刀というにふさわしい。

なお、この話は原史彦氏の『「刀銘村正」の伝来と妖刀村正伝説』『史学美術史論文集　第45輯』（金鯱叢書）から多くを参考にさせていただいた。

第2話　戦で活躍し、官位をもらう動物たち

平安　戦国　江戸

歴史の主役は人であるが、たまに動物たちも活躍したり、史料に存在を残したりする。中には官位をもらい、普通の人ではかなわぬ昇殿《しょうでん》を達成する動物もいる。ここでは、そんな歴史に名前を残した動物たちを紹介する。

官位をもらった動物でいうと、鷺《さぎ》、猫、象がいる。

鷺が官位をもらったのは平安時代、醍醐《だいご》天皇によってであった。ある時、醍醐天皇が神泉苑《しんせんえん》を訪れた時、青黒い鷺を見つけた。部下に捕らえるよう命じたが、当然のことながら野鳥なので逃げてしまう。

その時、困った部下が「よく聞け、勅命であるぞ」と叫んだという。鷺が人語を解するわけもないが、どういうわけか鷺は言葉にしたがい神妙に捕まったという。

これを喜んだ醍醐天皇はこの鷺に五位の官位を下賜。それだけでなく、「汝、鳥類の王たるべし」と書いた札をつけて空に放したという。

これがきっかけで、青黒い鷺はゴイ（五位）サギと名付けられたとか。

ちなみに鷺がもらった正五位は、どのくらいのグレードであろうか。幕末でいえば、暗殺された坂本龍馬、佐久間象山《さくましょうざん》がゴイサギより格上の正四位、伊東甲子太郎《いとうかしたろう》が格下の従五位を下賜されている。他にも桜田門外の変で死んだ有村次左衛門《ありむらじざえもん》ら薩摩《さつま》藩士の多くがゴイサギと同じ正五位をもらっている。幕

末の志士たちの働きに比べると過分な褒美に思えてしまう。

醍醐天皇と同時期に活躍した菅原道真《すがわらのみちざね》は生前、従二位の右大臣なので、こちらはゴイサギよりもかなり格上だったようだ。

醍醐天皇のひ孫の一条天皇の時代には、官位をもらった猫がいた。清少納言《せいしょうなごん》や紫式部《むらさきしきぶ》が活躍し、王朝文芸が花開かんとする頃だ。

ある日、一条天皇の母・藤原詮子《せんし》が飼っている猫が子を産んだ。これに詮子が感激し、生まれた子猫にコマという名前と従五位の位を与えたという。さらに飯椀という器や筥《はこ》入りの衣服なども贈った。犬や猫を着飾ってインスタにアップするインフルエンサーを彷彿とさせる行動だ（私も飼っているフレブルに同様のことをしているが……）。

それだけでなく、詮子は左大臣・右大臣に猫の飼育を命じ、官位の高い女官をコマの乳母に命じたのだから人間以上の扱いである。

その様子は清少納言の耳にも入り、『枕草子』にもコマの記述があるという。

ちなみに一条天皇は犬を飼っており、コマとは大層、仲が悪かったという伝承も残っている。犬がコマを追いかけたために、帝《みかど》が叱りつけたと『南総里見八犬伝』にあるらしい。犬もきっと官位を持っている猫に嫉妬したのであろう。

江戸時代、海外からやってきた動物も官位をもらっている。享保十四年（一七二九）、外国から徳川吉宗《よしむね》に象が送られてきたのだ。三年前に吉宗がベトナム人に象を送るように命じ、その結果の来日だという。オスメス二頭の象がいたが、メスはすぐに病死し、オスだけがまず京へとついた。ここで帝や上皇に謁見することになったが、ある問題が浮上する。象は無位無官《むいむかん》のため、帝に謁見する資格がなかったのだ。心の底からどうでもいい問題である。が、当時の人はそうは考えなかった。そこで、象に「広南《こうなん》従四位白象《じゅしいはくぞう》」という位が与えられた。先のゴイサギや猫よりも高位なのは、やはり体の大きさのせいだろうか。

こうして無事に帝に謁見した象は、安南人《あんなんじん》の象使いの指示にのっとり膝をついて敬礼の仕草をして人々を喜ばせたという。どうでもいいことだが、安南人の象使いにも位が与えられたのであろうか。

感激した帝と上皇は、それぞれ象をテーマにした数種の歌をつくったというから、相当に嬉しかったのであろう。その後、広南従四位白象は江戸で吉宗に謁見し、以後はその地で見せ物小屋の看板象になるなどして暮らした。寛保二年（一七四三）に病死。たった一頭での異国の暮らしは、幸せだったのだろうか。私ならば官位をもらったとて、行きたくはないが……。

合戦で活躍した動物もいる。犬である。現代でも軍用犬として戦争で活躍しているというから、その走りであろう。

関東武蔵国《むさし》の太田資正《おおたすけまさ》は、太田道灌《どうかん》の一族だ。祖父が道灌の甥で、その養子となった名門の家系である。この資正、幼き頃から無類の犬好きであった。岩槻《いわつき》城と武蔵松山城の二城を領していたが、それぞれの城で五十匹ずつ合計百匹の犬を飼っていたというから恐ろしい多頭飼育だ。

そして、この五十匹の犬を、岩槻と松山の城を交互に移動させて育てた。これだけ聞けばただの犬道楽だが、実は深謀遠慮があった。

ある時、領内で一揆が勃発し、松山城がピンチに陥る。一揆勢が城への道を封鎖したため、援軍要請の使者を岩槻城に送れない。

そんな時、活躍したのが犬たちだ。犬は岩槻と松山の城を頻繁に行き来していたので、道はよく知っている。松山城の守将は、文をいれた竹の筒を犬の首にくくりつけた。そして、十匹の犬を一斉に放った。犬たちは城将の意図を察し、一目散に岩槻の城を目指し駆ける。その距離およそ三十キロメートル。見事に到着し、太田資正はすぐに救援の軍を派遣することができた。

あまりに早い太田勢の到着に一揆勢は鎮圧され、再び反抗することはなかったという。

これは『甲陽軍鑑』や『名将言行録』などにも記載されている話だ。今まで登場した動物たちに比べると抜群の働きであるが、残念ながら官位をもらうことはなかった。ただ、案外と里見八犬伝の元ネタになったのでは……と個人的に邪推している。今でいえば、ハリウッド映画化のようなノリではないだろうか。『百犬伝』と題して、小説化しても面白いかもしれない。

第3話 ―― 呪術の力を持つ〝童子〟たち

平安 室町 明治 大正

中世、童子《どうし》姿の大人たちがいた。これを童形《どうぎょう》という。一例をあげると、牛飼童《うしかいのわらわ》という人々がそうだ。牛飼に従事しているのだが、牛飼童の名前が示すように大人の姿になることを禁じられていた。その姿はもとどりは結わずに髪は垂らす。冠や烏帽子をつけず、貴族の子供などが着用する水干《すいかん》という衣服を身に纏っていた。また名前も〝～丸〟といった童名を名乗る。

特異なのは、冠や烏帽子をかぶらないことだ。当時、成人した男性は冠や烏帽子をかぶるのが常識だった。それをしない者は〝露頂《ろちょう》〟と蔑まれ、大変恥ずかしいことだとされた。

露頂で有名な人物といえば、応仁の乱後に活躍した管領《かんれい》の細川政元《まさもと》だ。父親は、応仁の乱の東軍総大将の細川勝元《かつもと》である。彼は女性を遠ざけ独身を貫き、魔法、飯綱《いづな》ノ法、愛宕《あたご》ノ法などの魔術にのめり込んだ変人として知られる。烏帽子をかぶることをなぜか嫌がり、露頂だったことでも有名だ。

細川政元の例を見ても、露頂を伴う童形は当時では相当に奇異に映ったはずである。

では、なぜ牛飼童は童形をしていたのか。

網野善彦氏の『中世の非人と遊女』（講談社）の中にこんな記述がある。

〈童そのもののなかに、人の力の及ばぬものを見た当時の社会の見方を背景に、こうした童名を名乗る童形の成人も、また神仏の世界につながる特異な呪術的能力を持つ人と見られていたのではないか〉

童姿でいることで、神仏の力が宿ると考えられていたのだ。さらに、当時の牛は家畜というよりもまだ野生に近く、それを飼い慣らすには呪術的な力を必要とした旨のことが書かれている（牛飼童はカウボーイと英訳してもよいのかもしれない）。

童形になることで、呪術的な力を得ようという考え方は興味深く、細川政元が烏帽子を嫌ったのも、童形になることで魔法や飯綱ノ法の力を発揮するためだったのかもしれない。

また、網野氏の別の著作では、中世、請文などを書く時、あえて本人の童名を記すこともあった、とある。これも、童の呪術的な力を拠り所にした風習かもしれない。前述書には、名物といわれる武器や楽器にもたびたび童名がつけられたと書いている。

童は呪術的な力を秘めているという考えは興味深い。私が連想したのは酒呑童子《しゅてんどうじ》だ。丹波《たんば》国の大江山《おおえやま》に住んでいた鬼で、都の美女をさらい食べていたが、源頼光《よりみつ》とその四天王によって退治された。酒呑童子の一味には、茨木《いばらき》童子、星熊《ほしくま》童子、熊童子、虎熊《とらくま》童子、金《かね》童子などがいる。安倍晴明が安倍童子と幼い頃に呼ばれていたという逸話があるように、彼ら鬼もまた童名を冠していたのだ。だけでなく、物語の中では童形をした存在として描かれている。

〈肌の色は薄赤色、身の丈高く、髪を童子のごとくかぶろに振り乱しております〉（永井龍男ら著『お伽草子』より抜粋）

そして夜になると大男に変身するという。興味深いのは髪型が童の禿《かぶろ》であることだ。『お伽草子』の作者は、酒呑童子を童形にすることで呪術の力を際立たせたかったのだろう。

物語では、元は人間だった酒呑童子の来歴も語られている。

――母の胎内に十六ヶ月いた。

——産まれながら歯と髪が生え、すぐに歩き、五歳程度の言葉を話した。
——四歳の頃には十六歳程度の知能と体力を持っていた。

魔力が宿るスーパー赤ちゃんとして酒呑童子は描写されている。腹心の茨木童子も十六ヶ月間も母の胎内におり、出生時すでに髪も歯も生えていた。

ちなみに、五輪金メダリストの室伏広治《むろふしこうじ》氏は産後まもなく懸垂をしたという逸話があるそうだが、平安時代に生まれていればハンマー童子と呼ばれていたかもしれない。

さらには鬼の子孫という来歴を持つ実在の童子たちもいる。

その名を八瀬《やせ》童子という。比叡山延暦寺の近くにある八瀬（京都市左京区）に住む人々のことだ。

比叡山門跡が閻魔王宮《えんまおうぐう》から帰る時、つまり死から蘇った時にその輿《こし》を担いだ鬼の子孫だという言い伝えがある。

その風俗は——

（京師巡覧集巻十五、八瀬の条に曰く『当村の男女とも強気はげし、男も女の如く髪を巻き、女も男の如く脚絆して、言訛りて暹国（タイ国）の人かと疑わる云々』。彼らは自ら称してゲラと謂うた（東海道名所記〉。ゲラは下郎の意の謙称であろうとのことであるが、外部の人も彼らをゲラと呼んでいる。年老いるまで前髪を剃らず頭の上で一所に束ねていた。それが『男も女の如く』といわれた所以である〉

猪瀬直樹氏の『天皇の影法師』（中央公論新社）より抜粋した。前髪を剃らないというのが童形なのかどうかはいまいちわからないが、どうやら八瀬童子は独特の風習を持っていたようだ。

八瀬童子には重要な仕事があった。

それは大喪《たいそう》（帝の葬式）の時、帝の柩《ひつぎ》を担ぐ役割である。

皇族である門跡が地獄から帰還した験《げん》を担いだのだろうか。驚くべきはこの柩を担ぐ任務は、明治維新後も続いたことだ。明治天皇、大正天皇の大喪の時も大勢の八瀬童子が帝の柩を担いだ。

明治天皇が崩御した際、柩担ぎは陸軍か海軍から選ぶことになりかけて任務の危機に瀕したが、無事古式通りに進むことが決定。京都の桃山駅から埋葬先の桃山御陵《ももやまごりょう》までの一時間を見事に八瀬童子は担ぎきった。大正天皇の大喪の際は、百十五人の八瀬童子が東京へ赴き、雪がふる深夜一時、見事に御陵まで柩を担いだという。

文明開化以後の急速な変革期にも古式ゆかしい仕事を全うできたのは、童形が持つ魔力ゆえかもしれない。

第4話 ―― 人造人間の日本史

平安
江戸

人造人間といえばフランケンシュタイン博士が造った怪物が有名だが、日本でも似たような逸話がある。

あの西行《さいぎょう》も人造人間を造っている。西行といえば平安末期の歌人で、同い歳の平清盛《たいらのきよもり》と親交もあったという。次の歌が有名だ。

願はくは花の下にて春死なん
その如月の望月のころ

この美しい歌を創った西行が人造人間を造った。

高野山《こうやさん》に隠棲している時、西行はある友と語りあうことを楽しみにしていた。しかし、ある日、友は京へと上るといって西行のもとを去っていった。

寂しく思った西行は、人骨を集め様々な薬や香を使い、とうとう人造人間を完成させる。が、生まれた人造人間は音は発すれど言葉にはならず、まるで心がないかのようだった。そこで西行は京へ上り、人造りの名人に話を聞く。すると名人いわく、使ったお香の種類が間違っているとのこと。研究熱心な西行は、さらに取材すると、実際に人造人間が宮廷で働き出世していることがわかった。

西行は名前を聞くが、名人は教えてくれない。名前を明かせば、人造人間も造った者も泡となって消え失せるからだという。

高野山に帰った西行は虚しさを覚え、人を造ることを諦めたとか。

『撰集抄』に出てくるエピソードである。

ちなみに、西行は実際に西住《さいじゅう》という歌人と入魂の仲で、歌のやりとりをしていた。二人は男色の間柄だったという説もある。

西行が高野山で別れた〝ある男〟というのは、西住だったかもしれない。

西行は他にも、関東に出向いた時に人造人間を造っている。ただし、本人が意図せずにだ。河原の茶屋で西行が休憩中、その姿を見て女が一目惚れしてしまった。一目惚れした女は、西行が飲み残した茶を口に含んだところ、たちまちのうちに子を宿し、十ヶ月後に出産したという。

三年後、帰路で女に再会した西行は、赤子の存在に驚いた。しかも赤子は経文のような鳴き声をあげている。奇怪に思った西行だが、子に息を吹きかけると、泡のように消滅してしまったという。

先ほどの逸話でも名を明かせば泡となるとあった。案外、人造人間はもろいもののようだ。

ミスター陰陽師として名高い安倍晴明《あべのせいめい》は、彼自身が人造人間だったかもしれない。仮名草子『安倍晴明物語』によると、ライバル芦屋道満《あしやどうまん》と戦い殺された晴明だったが、晴明の師匠が十二の骨と三百六十の小骨、四十九の皮などを集めて復活させたという。

復活の術なので、厳密には人造人間ではないかもしれないが、人格までも復活させたとしたら不気味だ。

西行や晴明のエピソードからわかるのは、とりあえず死体を集めれば人を造ったり復活させられるという考えがあったことだ。『法華経直談鈔』という書物にも、釈迦《しゃか》の弟子の離婆多《りはた》の死後、バラバラになった手足を継いで、呪術で復活させる逸話が載っているそうだ。

また、『長谷雄草紙《はせおぞうし》』にはこんな話もある。

平安時代、京の朱雀門《すざくもん》には鬼が住んでいた。鬼は、女好きだったようだ。しかも、理想の女性像があったらしい。しかし、現実の世界には理想通りの女は存在しない。

そこで鬼は、死体から理想の体の部位を集め、それを組み合わせて女性を造ってしまった。

そんな時に、紀長谷雄《きのはせお》という文芸に長じた貴族と鬼は出会う。ふたりは、長谷雄の全財産と鬼の理想の人造人間（女性）を賭けて双六《すごろく》の勝負をし、見事に長谷雄が勝利した。

美女を持ち帰る長谷雄に、鬼はこう忠告した。

「百日間、女と契ってはならぬ」

浦島太郎や鶴の恩返しにも出てくるパターンだ。が、開けてはいけない、といわれれば男は開けてしまう生き物なのである（これをカリギュラ効果というらしい）。長谷雄もまた同様だった。

八十日まで我慢した長谷雄だったが、人造人間の女と契ってしまう。つまり、セックスをしたのだ。

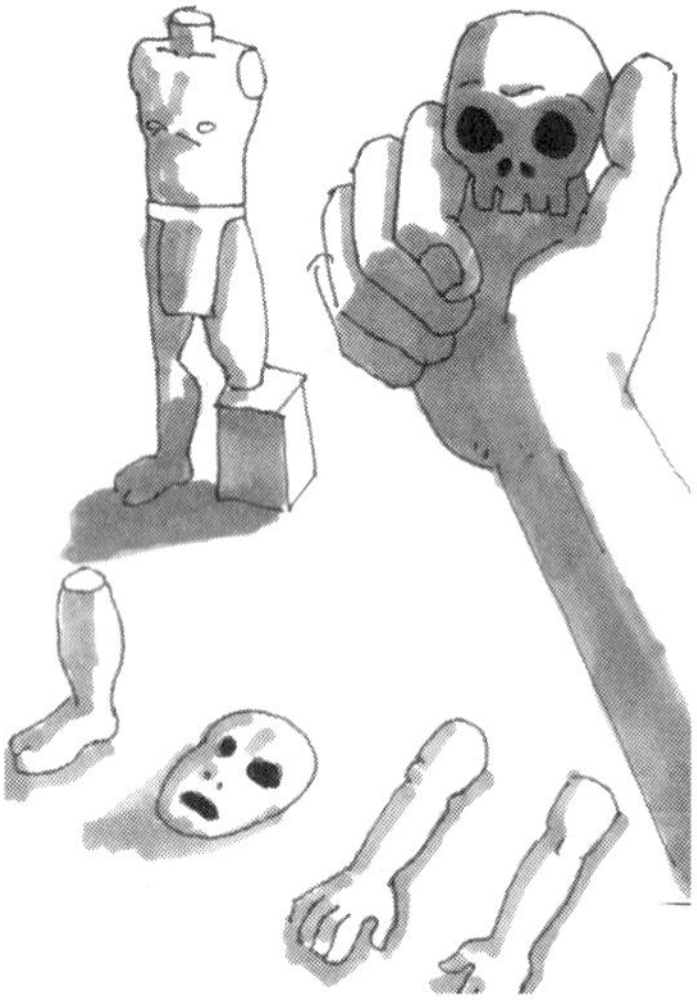

結果、女は水となって消え失せた。

江戸時代になると、人造人間は死体ではなく人形になる。

ある武士が吉原の女に懸想し、連日通い詰めた。しかし、運悪く京の在番を命じられることに。武士は文のやりとりを続けたが、それでは気が晴れない。そこで、人形細工師に女とそっくりの人形を造ってもらった。等身大の人形で、腹の中に湯をいれて人肌にする工夫があったという。

男が人形を抱いて、「わしのことを愛しく思うか」と問うたところ、なんと人形が「はい、愛しくあります」と答えたという。驚いた武士は枕元の刀をとり、人形をまっぷたつにした。

その全く同じ時、江戸の吉原では武士の好いていた遊女が初見の客に胸を貫かれ殺されていたという。殺した男も自害しており、無理心中だった。

人形と遊女がこときれたのは、延享巳年のある日の八つ時のこと。ただ、延享巳年が何年かがわからない。延享は五年までで、子から辰までだ。『大和怪談頃日』という書物に収録された話だという。

人形が人造人間かどうかは意見が分かれるが、ある瞬間、魂が注入され意思を持ったのは確かだろう。

フランケンシュタイン博士の怪物やホムンクルス、あるいは現代のクローン技術、人を造るという行為は、不老不死を求めるのに似たロマンがあるようだ。

第5話　富士山に魅せられた英雄　1

弥生　飛鳥　平安　鎌倉　室町

「其の高さ測るべからず」

そう書かれたのが、霊峰富士山である。

書いた人物は、都良香《みやこのよしか》という平安時代の貴族だ。大学寮《だいがくりょう》という平安朝の教育機関で菅原道真《すがわらのみちざね》も合格した対策という超難関試験を突破した男である（詳細は十二話参照）。

彼は『富士山記』という書物に、富士登山をした男から見聞きした内容を書き留めている。これがかなり詳細で、間違いなく登山経験者から取材したものだといわれている。

ちなみに、冒頭の文章の後には「史籍の記せる所をあまねくみるに、いまだ此の山より高きは有らざるなり」と続く（適宜難しい漢字はカナに直した）。

都良香が取材した人物こそ、日本最初の富士山登山者といわれている。

ただし伝説もいれると、聖徳太子《しょうとくたいし》が最初の登山者になる。

聖徳太子が二十七歳の時のことである。西暦でいえば五九八年、推古《すいこ》天皇は全国から名馬を集めさせた。その中に、甲斐《かい》国から送られた馬がいた。体が黒く足が白い馬で、それを聖徳太子は非常に気に入ったそうだ。そして、調使麿《ちょうしまろ》という男に飼育させた。

ある日、聖徳太子が調使麿とともに馬に乗ると、なんと都から富士山頂まで一気に飛んだという。

現代のヘリコプターや飛行機も真っ青な跳躍力だ。そして、信濃《しなの》国などを見て回ってから、三日後に都へと帰ってきた。黒馬にタンデム騎乗させられた調使麿も富士登山第二号にいれてあげたい。

まさか、本当に聖徳太子が馬で一飛びでついたわけではないだろうが、そんな伝説を創作するほどに富士山は人々を魅了してやまない。ちなみに、富士山の七合目には、聖徳太子と馬の銅像が安置されていたという。

役小角《えんのおづぬ》にも富士山登山伝説がある。西暦で六九九年の頃、役小角は伊豆大島に流罪となった。だが、法術師でもある役小角は離島から富士山までたびたび登山したという。理由は、富士山で修行するためだ。昼は伊豆大島で修行し、夜になると富士山で修行したというのだ。さすがは山岳信仰の修験道の生みの親である。島だけでは修行が物足りなかったと見える。こちらは聖徳太子とちがい、自分の足で登ったようだ。


富士山に魅せられたのは、日本人ばかりではない。

中国、秦《しん》の始皇帝《しこうてい》と彼に仕える方士《ほうし》、徐福《じょふく》もそうだ（方士とは、日本でいう陰陽師）。

秦の始皇帝は中国を統一し、最初の皇帝になった後、不老不死の術に興味を持つ。

そんな彼に、徐福は「東の海の先にある蓬莱山《ほうらい》に仙薬があり、これを飲めば長生不老となる」といった。日本はこの時、まだ弥生時代、卑弥呼《ひみこ》が活躍するより四百年以上前のことだ。

ちなみに、後の中国の史料『義楚六帖』には〝蓬莱山は富士山である〟と明記されているという。つまり、徐福は、東の先にある富士山に不老不死の薬がありますよ、といったのだ。

始皇帝はただちに船団を派遣することになった。率いるのは徐福である。

しかし、第一回は失敗したらしい。

徐福いわく
「大鮫に邪魔をされた」

ということだ。

さらに第二回の探検団が結成される。今回も指揮をとった徐福は、見事、蓬莱山の使者とコンタクトをとることに成功した。

戻ってきた徐福いわく
「仙薬が欲しければ、良家の男女と百工を献上せよ、と仙人界の使者はいっております」

百工というのは、様々な職人のこと。なぜ、優れた仙術を使える仙人が、彼らからしたらローテクノロジーの職人を欲したのかは不明だが、とにかく始皇帝はその報告を信じた。

男女三千人と五穀の種と百工を派遣したというから凄まじい。

だが、徐福は帰ってこなかった。実は、すべての報告が出鱈目《でたらめ》だったのだ。逆に彼は、仙薬探しを名目に始皇帝の独裁政権下からの亡命を果たすことに成功した。

しかし、蓬莱（日本）は当時、やっと稲作がはじまったばかりの弥生時代。とてもではないが、身一つで亡命しても生きていけない。そのために、偽りの仙界の使者の要求を伝え、百工と労働力として三千人の良家の男女、そして食料のもととなる五穀の種が必要だったのだろう。

脱獄や脱走をあつかった事件や物語は数多いが、これほど大規模なものはないのではないか。中国版

のプリズンブレイクはやはりスケールがちがう。

ちなみに、富士山周辺には徐福の子孫と称する一族が住んでいる。山梨県富士吉田市に伝わる史料にはこう書いてある。

来日した徐福のメンバーは、五百五十二人。八十五隻の船でやってきた。

彼らが富士山に登ったかどうかは記載されていないようだが、富士山によって大きく運命が変わった人物たちといえよう。


さて、話を都良香に戻そう。彼が最初に取材した人物は誰であろうか。私が妄想するに、紀長谷雄ではないだろうか。

紀長谷雄は都良香の弟子で、同様に大学寮に入学し、対策という難関試験に合格した。

菅原道真の学友でもある。「第四話　人造人間の日本史」では、美女をかけて鬼と双六の勝負をした。

そして、文才もあった。それゆえか、紀長谷雄は『竹取物語』の作者ではないか、といわれている。

さて、『竹取物語』の最後を思い出してみよう。

かぐや姫に去られた帝は、姫からもらった不老不死の薬をもてあました。家臣に「天に一番近い山はどこか」と問うと、「駿河《するが》国の山」だという。

帝は家臣に命じ、その山頂で不老不死の薬を焼いた。

その山は不死の山――富士山と呼ばれるようになり、薬を焼く煙は今も山頂にたなびいている、という。

あるいは、富士山に登頂した紀長谷雄が、当時、活火山だった山頂の様子からイメージを膨らませて

『竹取物語』を書いたのかもしれない。

ひとつ確かなのは、『竹取物語』を書いた謎の作者にとっても、富士山は魅力ある題材だったということだ。

第6話　富士山に魅せられた英雄 2

弥生　飛鳥　平安　鎌倉　室町

前回は富士山に魅入られた聖徳太子や役小角、はては徐福、『竹取物語』の作者らの話を書いた。

今回は、富士山に魅入られた天下人や武将の話を書きたい。

まず最初に登場してもらうのは、鎌倉幕府第二代将軍の源頼家だ。父・頼朝の跡を継いで、武家の棟梁になった。

そんな彼は、富士山山麓にある人穴《ひとあな》という洞窟に魅入られた。

そこで、家臣の仁田忠常《にったただつね》に人穴調査を命じた。仁田忠常は頼朝の挙兵にも従った豪傑で、曾我《そが》兄弟の仇討ちの時は、兄の曾我祐成《すけなり》を討ち取る活躍も見せている。

仁田忠常が五人の部下とともに捜索したところ、人穴の底には大河が流れ、なぜか家臣たちがばたばたと倒れはじめたという。これを恐れた仁田忠常は、将軍から拝領した太刀を河に投げ捨てて、命からがら逃げ帰った。何かの有毒ガスが出ていたのだろうか、倒れた四人は帰らぬ人となってしまった。

人々は浅間の神の祟りだと噂しあったという。

その祟りは、命じた源頼家《よりいえ》にも及ぶ。一年とたたずに執権北条氏によって寺に押し込められ殺されたのだ。その際、人穴から生き延びた仁田忠常も北条氏の手で落命させられたという。

ちなみに、人穴捜索の話は鎌倉幕府の歴史書『吾妻鏡』に記載されている。

次に紹介するのは、足利義満《よしみつ》だ。嘉慶二年（一三八八）九月、足利義満は左大臣を辞してから富士遊覧の旅に出る。義満三十一歳の頃である。

なんだ、遊びかよというなかれ。関東には鎌倉公《かまくらく》方《ぼう》といって、もうひとつの足利一族が蟠踞《ばんきょ》しており、室町幕府のコントロールを逸脱するような行動がまま見られた。

そんな時に義満は左大臣の職を辞し、何十日も京を留守にしたのだ。関東との国境である駿河《するが》国まで義満が出張することで、鎌倉公方に圧力をかける狙いがあったという。

その口実としての富士遊覧だった。

鎌倉公方は駿河国にいる義満に挨拶に出向くのが礼儀だが、病と称して関東に引き籠った。義満としては、十二分に実力を見せつけることはできたということか。この四年後、義満は明徳《めいとく》の乱で叛逆した山名一族に勝利し、権力を盤石のものにする。

さて、そんな義満の富士遊覧をよき前例ととらえたのが、彼の息子であり六代将軍の足利義教《よしのり》だ。義教は、義満の事例を踏襲し、傾きかけた幕府権力を復活させようとした。

そんな彼が目をつけたのが、義満の富士遊覧だ。永享四年（一四三二）、義教は富士遊覧に出かける。義満の時同様、鎌倉公方は病と称して引き籠り、かわりに関東管領《かんとうかんれい》が挨拶に出向いた。

この六年後、鎌倉公方と関東管領の仲がこじれ、永享《えいきょう》の乱が勃発。結果、鎌倉公方が敗北し、公方は自害した。鎌倉公方はこうして滅亡した（後に遺児が古河公方《こがくぼう》として復活する）。

義満と義教、親子二代による富士遊覧で、鎌倉公方を倒したのかもしれない。

ちなみに、義教は富士遊覧の時、周辺各地で歌を詠んだ。裏では鎌倉公方打倒の策略を練りつつ、表ではしっかりと富士山観光を楽しむのだから、さすがは天下人といったところか。

そんな富士山に登山した、戦国大名がいる。

武田信玄の父の武田信虎《のぶとら》だ。その前年、強敵の今川家が駿河国から侵攻し、あわや滅亡という危機に瀕した。それをなんとか撃退し、信虎は混乱を極めた甲斐《かい》国統一に成功する。

この快挙を国内外に喧伝するため、大永二年（一五二二）、信虎は富士山登山を敢行。見事に山頂まで赴き、噴火口を一周する八葉巡りという神事を行った。富士山は甲斐国と駿河国の中間にある。憎き今川家を富士山山頂から見下ろせて、さぞかし気分がよかっただろう。

また、その前年には武田信玄が生まれている。自分の息子の将来も富士山に祈る意味があったのかもしれない。

皮肉なことに、十九年後、その息子による無血クーデターで信虎は追放されるのだが。

さて、そんな武田家を滅ぼしたのが織田信長である。

天正十年（一五八二）、家臣の裏切りをきっかけに、織田軍は怒涛の侵攻で武田領を手中にした。息子に旧武田領の統治を任せた信長は、安土への帰路につく。道中の楽しみが、富士山見物であった。

まず、帰路途中に山の間から雪化粧した富士山が見えた。四月三日のことだ。旧暦なので初夏だと思うのだが、凍死者がでるほどの異常気象で『信長公記』も真冬のような寒さと記載している。

四月十二日、富士山の裾野《すその》で、小姓衆たちとともに馬を走らせて信長は遊んだ。白雲のように雪をまとわせる富士山を見つつの野駆けは、きっと楽しかったであろう。

さらに同じ日、信長は人穴を訪れる。そう、源頼家が仁田忠常に捜索を命じた、いわくつきの洞窟だ。禁忌を恐れぬ信長らしい行動といえる。

そして、その約二ケ月後、本能寺の変で信長は横死することに。

あるいは、源頼家同様に人穴の祟りにあったのだろうか。

ちなみに、この人穴で命を助けられた人物もいる。徳川家康だ。甲斐国侵攻に失敗した際、この人穴に逃げ込んだという。この時、たまたま行者が修行中であった。彼は家康を奥に逃がすと、一匹の蜘蛛に巣をはらせるや、たちまち家康の姿を見えなくしてしまった。こうして、家康は追手から逃れることができた。

家康が人穴で会ったのは、役小角のお告げにより修行していた角行《かくぎょう》という人物。生涯で百二十八回の富士山登山を達成し、ついに人穴の中で百六歳での大往生を遂げた。この角行が、富士山拝礼の富士講の開祖といわれている。

富士山のもつ不思議な力は、時に天下人や征夷大将軍の運命さえも変えたのだ。

第7話 論破王の歴史 1

鎌倉 戦国 江戸

2ちゃんねる創始者の西村博之氏（以下、「ひろゆき氏」と表記する）が、〝論破王〟として人気だ。専門知識のある論客たちを次々と論破していく様が痛快で、論破王の渾名《あだな》も納得である。


「なんすか、写像って」

「それってあなたの感想ですよね」


論戦での反撃ワードは、名言としてネットで多く出回っている。

さて、見ている方もエキサイティングな論戦だが、日本の歴史上でも度々おこっている。中には、ひろゆき氏の論破テクニックと似た方法を使う人物もいる。彼は「御与奪《ごよだつ》」なる論破テクニックを駆使し、当時異端視され迫害されていた浄土宗《じょうどしゅう》教団（後の浄土真宗）を論難から守っている。

ここでは2話に分けて、歴史上の論戦をいくつかピックアップした。


【安土宗論《あづちしゅうろん》】

日本で一番有名な論戦かもしれない。織田信長もかかわっている。

天正七年（一五七九）、信長のお膝元、安土で、関東より来た浄土宗の霊誉《れいよ》が説教を行っていた。そこに乱入したのが、日蓮宗の信徒たちだ。彼らは、霊誉に論戦を挑んできたのだ。

これに対し霊誉は、日蓮宗側も僧侶を連れてくることを条件に論戦を受けてたった。

信長重臣の津田信澄《つだのぶずみ》や菅屋長頼《すがやながより》らが立ち会う中、両者は対決。東に浄土宗、西に日蓮宗が陣取ったというから、まるで大相撲のようだ。

激しい論戦の結果、日蓮宗側の敗北となった。きっかけは丁々発止のやりとりで、浄土宗側の放った『妙』という文字についてだ。

以下、論戦のクライマックスを榊山潤訳『現代訳語信長公記（全）』（筑摩書房）より抜粋した。貞安《ていあん》というのは、浄土宗側の論客の名前である。

貞安は、〈（中略）あなたは方座第四の『妙』の一字をも捨てるのか、捨てないのか〉と結めよった。

〈法華宗方は、「（中略）四妙のうち、どの『妙』を言っておられるのか」と尋ねる。

それを聞いて貞安は、「この『妙』こそ法華の『妙』のことですよ。あなたは知らなかったのですか」と言うと、法華宗方は返す言葉もなく閉口してしまった〉

このやりとりで勢いを失った日蓮宗側は敗北し、袈裟《けさ》を剥ぎ取られた。さらに、敗北を明記し、今後、みだりに論戦を仕掛けないという起請文を書かされた。だけでなく、何名かが処刑されてしまう。

論戦の結果で、落命するとは本人たちも思っていなかったのではないか。

実は、浄土宗側の貞安のいった〈方座第四の『妙』の一字〉なるものは全くの出鱈目《でたらめ》だという説もある。つまり、答えられなかった日蓮宗側が実は正しかったのである。

これは仏教のシステムエラーを突いた作戦だ。仏教のある研究者は研究分野の経典を何十年もかけて読んでいるが、まだ数分の一しか読破していないという。そして、それさえも仏典の一部でしかない。つまり、ひとりの僧侶が仏典の全てを読むことは事実上不可能で、それを逆手にとった作戦ともいえる。

ひろゆき氏のように、「なんすか、方座第四の『妙』って」と冷静かつ小馬鹿にするように返していれば勝負の行方は変わっただろう。一歩間違えれば、仕掛けた貞安が負けて処刑されたかもしれないので、行いはともかく大した度胸だといえる。

【松本問答《まつもともんどう》】

それより前の天文五年（一五三六）、比叡山《ひえいざん》において「今の世の釈尊」の異名をとる華王房《けおうぼう》という僧侶に論戦を挑んだ男がいる。これも日蓮宗徒である。安土宗論とちがうのは、論戦を挑んだ日蓮宗徒が僧侶でなく一般信徒だったことだ。名前を松本新左衛門尉という。しかも在京の者ではなく、上総国《かずさ》（千葉県）から京に観光に来た武士だ。今でいえば、地方の会社員が東京大学の教授に論戦を挑むようなものだ。

この松本という男、高名な華王房の説教を聞きに来たが、日蓮宗を誹謗する内容だったゆえに正義心にかられ論戦を挑んだ。周囲は無謀な戦いと思ったが、あれよあれよと松本が華王房を論破していく。その内容は記録に残っているが、専門的すぎて私にはほとんど理解できない。

しかし、華王房の「先ほどから亡国というが、どういう証拠がある」というエビデンスを求める問いに松本は、「源 頼朝《みなもとのよりとも》調伏を比叡山は依頼され実行したが、その結果、平氏に擁立された安徳《あんとく》天皇は壇《だん》ノ浦《のうら》に沈んだ。天子は諸天善神《しょてんぜんしん》が守護し給うべき筈なのに、誤った仏法を信じる比叡山が調伏したために滅んだ」と実例をあげて反論するなど、かなりのインテリジェンスを見せつけている。データを見せつける論破テクニックは、「それってあなたの感想ですよね」というひろゆき氏の名言を思い出す。

結果、華王房は反論の全てを封じられた。トドメとばかりに、松本が問う。

〈問答に負けじと抜け句を言うと見えたり。返答如何に。閉口か閉口か〉（今谷明著『天文法華の乱』より抜粋）

これに一言も返せず、華王房は松本によって袈裟を剥ぎ取られてしまった。どうやら論戦に負けた僧侶は、袈裟を没収されるというマスク剥ぎデスマッチのようなルールがあったようだ。

が、事態はそれで終わらない。面目を潰された比叡山は実力行使にでる。京の日蓮宗寺院を攻撃し破壊。だけでなく京の町も類焼させ、応仁の乱以上の被害と呼ばれる大惨事になったのだ。死者の数は五千人ともいわれている。

きっかけとなった松本は論戦の翌日には河内国《かわち》へと旅立ち、災厄には巻き込まれなかったのは皮肉の極みだ。

第8話 ― 論破王の歴史 2

鎌倉 戦国 江戸

論戦の歴史の2話目である。この稿の最後に、「御与奪」なる論破王ひろゆき氏を彷彿とさせるテクニックを駆使した論客を紹介する。まず取り上げるのは、仏教対キリスト教の論戦だ。戦国時代にキリスト教の布教が開始され、異教同士の論戦が急増した頃でもあった。

【朝山日乗《あさやまにちじょう》VSフロイス】

朝山日乗は織田信長、足利義昭《あしかがよしあき》、帝の三者に信頼され、毛利《もうり》の外交僧安国寺恵瓊《あんこくじえけい》から交渉能力を絶賛された僧侶である。が、進出してくるキリスト教を嫌悪し、排除せんと企んだ。

ルイス・フロイスが信長の元に招かれた際に、日乗は論戦を仕掛ける。まずは日本人弟子のロレンソ了斎《りょうさい》が相手をした。日乗が〈貴僧は日本の宗教についてどのような御見解に達しておられるかを承りたい〉（松田毅一・川崎桃太訳『完訳フロイス日本史』〈中央公論新社〉より抜粋、以下発言は全て同じ）とジャブを放つ。

しかも、日乗は〈拙僧は何宗にも属しておらず、知りもせぬ〉と無知を装った。これに対しロレンソは、日乗がかつて比叡山《ひえいざん》の高僧のもとで学んでいたことを暴露するが、日乗は〈その上人について教わり申したが（中略）今となっては忘れてしもうた〉と惚けつつ心理戦を展開する。

論戦は、霊魂や万物の創造主である天主などについて日乗が質問する形で続く。途中で、回答者がルイス・フロイスに交代したり、信長自身がフロイス側に質問するなど、テレビの討論番組に似た様相を呈する。

混沌とした論戦は、霊魂の存在のあり方について集約されてきた。そして、ルイス・フロイスがかわって答弁するが、これが長いし難解でよくわからない。キリスト教の知識のない私からすると、自分に酔ったひとり語りにすぎないと思うのだが、結果、このやりとりで日乗が激昂する。

だけでなく、刀を抜いて〈しからば予は汝の弟子ロレンソをこの刀で殺してやろう。その時、人間にあると汝が申す霊魂を見せよ〉と実力行使に出たのだ。これにはすかさず信長の部下たちが止めに入る。〈日乗、貴様のなせるは悪行なり〉と信長にしては珍しく正論で諫めた。

論戦の結果は、日乗の反則負けといったところか。京の市民も日乗が抜刀したので、彼の負けだと噂しあった。とはいえ、フロイス側の記録なのでかなりの潤色があるはずだ。さすがに信長の前で抜刀したというのは誇張ではないか。

しかし、この時期を境にして、日乗は信長からの信頼を失い、重臣の座から転がり落ちる。

【林《はやし》羅山《らざん》VSハビアン】

ハビアンとは元禅宗の日本人修道士だ。日本人による初のキリスト教教理書『妙貞問答』を著すなどのインテリ信徒である。

慶長十一年（一六〇六）、二十四歳の林羅山は、このハビアンと論戦を展開する。家康のブレーンとなる一年前のことだ。

まず難癖をつけたのが、地球儀だった。林羅山の学ぶ儒学《じゅがく》では、大地は方形をしていると教えている。一方のハビアンは球形説である。

今ならば羅山が間違っているのは明白だが、

〈その惑ひ、あに悲しからずや〉（揖斐高著『江戸幕府と儒学者　林羅山・鵞峰・鳳岡三代の闘い』（中央公論新社）より抜粋）

と、羅山は自著の『排耶蘇』という本の中でハビアンの無知を憐れんでいる。

さらに論戦は、霊魂や天主の存在の有無や存在形態へと移る。揖斐氏の著書には、林羅山はハビアンの『妙貞問答』や中国にキリスト教を広めたマテオ・リッチの『天主主義』をあらかじめ読んでいたのではないかと書かれている。対策をじっくり練った上で、羅山は論戦を挑んだのだ。

天地万物を創った天主自体を誰が創ったのか、という矛盾（？）を徹底的に攻撃し、とうとうハビアンを黙らせ、羅山はディベートに勝利する。

地球は四角いと信じる論客にこてんぱんにされ、後にハビアンはキリスト教を棄教してしまう。だけでなく、『破提宇子《はでうす》』というキリスト教を否定する書物まで著したという。

論戦は、正しき者が勝つとは限らない。これは現代にも通じる教訓かもしれない。

【鎌倉時代の論破王】

最後に、鎌倉時代から南北朝時代に活躍した存覚《ぞんかく》という論客を紹介する。彼の論破テクニックや考え方には、ひろゆき氏との共通点が多い。

存覚は、本願寺《ほんがんじ》第三世覚如《かくにょ》の息子で親鸞《しんらん》の曾孫というサラブレッドだ。当時の浄土宗教団（後の浄土真宗）は、国家と結びついた延暦寺《えんりゃくじ》・興福寺《こうふくじ》から迫害を受け、他宗から過激な論戦を挑まれていた。存覚の著作の『決智鈔』『法華問答』には、日蓮宗との論戦が問答形式で紹介されている。存覚が使った論破テクニックは「御与奪」というもので、ごく簡単に紹介すると以下のように展開される。

日蓮宗の法華経は素晴らしい教え、しかし、実践できる人は少数なので、多くの人々を救うには浄土真宗の念仏しかない。

面白いのは、他宗（日蓮宗）を否定しない姿勢だ。

私の知人の仏教研究者は、存覚は全ての宗派に通じていた人物と表現している。ひろゆき氏も論戦のコツは「反論するのではなくまず質問する」といっている。攻撃から入るのは下策なのだ。まずは相手を理解するのが、存覚やひろゆき氏の手法である。

さらに、存覚は〝優れた他宗の教えを実践できるのは少数〟と、浄土宗が能力が低い者に向けた教えだと認めている。ひろゆき氏も動画上でたびたび生活保護をすすめている。無理して会社にしがみついて病むぐらいなら、社会保障の恩恵にあずかれということだ。

当時の民衆にとって、仏教の教義は高等かつ難解だ。無理解なままで救済の資格を失うぐらいなら、南無阿弥陀仏と唱えれば救われる浄土宗や浄土真宗の教えは、仏教版セーフティーネットといえなくもない。

こうして存覚は、異端視されていた浄土宗教団を論戦で守り、後の発展の礎を作った。

歴史上の論客たちは皆、人生をかけて論戦を展開していた。その勝敗は、彼らの運命を大きく変え、時に京の町を焼き払った。まさに命懸けの真剣勝負なのだ。

第9話 ― 辞世の句、百景 1

戦国 江戸

死を前にして、思いの丈を残す辞世《じせい》の句。

特に、豊臣秀吉のそれが有名だ。

露と落ち露と消えにし我が身かな
浪速《なにわ》のことは夢のまた夢

戦国武将の辞世の句として出回っているものの中には、軍記物にしか出典がないものが多い。本当に本人が詠んだのか、怪しいのだ。が、こちらの句は、実際に「大阪城天守閣」に秀吉直筆の書が残っている。正真正銘、秀吉が詠《よ》んだものだ。

だが、この句は死の間際に秀吉が創ったものではない。秀吉の正室の寧々《ねね》の侍女の孝蔵主《こうぞうす》が、この句を書きつけた短冊を保管していたという逸話がある。ネットで調べると、天正十六年（一五八八）、帝が聚楽第《じゅらくてい》に行幸した時の歌会で秀吉が詠《うた》ったものだという。秀吉の死の十年前のことだ。

小瀬甫庵《おぜほあん》の『太閤記』にはこの歌会の記載はあるが、この辞世の句は紹介されていない。しかし、この時、秀吉が詠んだ歌がいくつか残されている。教養がなかったと思われがちな秀吉だが、歌のセンスはあったことがわかる。

一首ではなく、何首もの辞世の句を詠んだ人がいる。それも女性だ。摂津《せっつ》国有岡《ありおか》（伊丹）城を本拠にした荒木村重《あらきむらしげ》の妻のだしである。だしは、絶世の美女としても有名だった。荒木村重が織田信長を裏切り、織田軍によって有岡城が包囲されてしまった。夫の村重が自ら救援の使者となり城を抜けた後、落城してしまう。捕まっただしら妻女は処刑されることになった。この時、だしは三首の辞世の句を詠んだ。

『信長公記』にも記載されているので、そのうちの一首を紹介する。

消ゆる身は惜しむべきにもなきものを
母の思ひぞさはりとはなる

死は覚悟しているが、残す子供への思いが生への執着を残すという意味だ。同様の歌を他にもう一首残している。子を思う気持ちを二首残すあたり、母としての苦悩がうかがえる。

恨みをたっぷりとこめた辞世の句もある。

天正十一年（一五八三）、秀吉によって討伐された織田信孝《のぶたか》の歌だ。

昔より主をば討つ身の野間なれば
報いを待てや羽柴筑前《はしばちくぜん》

ここで出てくる野間は、尾張《おわり》国の野間のことで、過去に鎌倉幕府創始者・源頼朝の父親が殺されている。殺害犯は長田《おさだ》忠致《ただむね》という男で、彼は源平合戦の折は逆に殺した男の息子の頼朝につく。頼朝は活躍すれば罪を赦し「美濃《みの》、尾張を与える」と約束した。奮起して戦で手柄をあげた忠至だが処刑されてしまう。

約束を反故にしたわけではない。頼朝は「身の終わり（美濃尾張）」を与えたという恐ろしいオチだ。ちなみに忠致は野間内海《うつみ》荘を支配しており、辞世の句の〝討つ身〟は内海とかかっている。さらには、そんな歌を詠んだ信孝の処刑場所も野間にある内海大御堂寺《おおみどうじ》であった。怨念たっぷりの作品のわりには有名な故事を引用し言葉遊びもいれるなど、細やかな工夫が感じられる秀句である。

ただ、この歌は軍記物にのみ出典があり、創作の可能性が高い。とはいえ、尾張や美濃の人々にとって長田忠致の逸話は有名であった。斎藤道三が息子の斎藤義龍《よしたつ》と争い敗れた時も、こんな落首が掲載された。歌の中の〝山しろ（山城）〟は、山城守を名乗っていた道三のことだ。

主をきり聟をころすは身のおはり
むかしはおさだいまは山しろ

野間で腹を切る時、長田忠致の逸話を信孝は嫌でも思い出したであろう。私としては、創作ではなく信孝自身の作だと信じたい。

軍記物などの創作の可能性を度外視すれば、様々な戦国武将が辞世の句を残している。明智光秀、上杉謙信、武田信玄、徳川家康、足利義輝《あしかがよしてる》、柴田勝家《しばたかついえ》などなど。

足利義輝と柴田勝家などは、作者が同じではないかと思うほど内容が似通っている。

■足利義輝

五月雨は露か涙か不如帰
我が名をあげよ雲の上まで

■柴田勝家

夏の夜の夢路はかなき後の名を
雲居にあげよ山ほととぎす

前半の〝五月雨〟と〝夏の夜〟のモチーフのちがいはあるが、後半は「私の名前を雲の上まで上げてくれホトトギスよ」という意味で全く同じである。俳句の夏井先生に、ぜひ両作を添削して順位づけしてほしいものだ。

そんな中で異色なのは、織田信長の辞世の句が伝わっていないことだ。これほどの人物であれば、仮に自身で詠んでいなくても、誰かが創作してもよさそうなものなのに、だ。

信長は歌に興味を持たなかったわけではない。若き頃に好んだといわれる小歌がある。

死のふは一定
しのび草には何をしよぞ
一定かたりをこすよの

意味は、死ぬのは運命である。生前を思い出すたよりとして何をなそうか。人はそれをよすがとして思い出を語ってくれるであろう。

信長は、この小歌を好んで詠っていたという。信長自身の創作した歌ではないが、信長の生き様を如実に反映している。

他にも、有名な「人間《じんかん》五十年」の敦盛の一節も信長は愛した。

秀吉が死の十年前に辞世の句をしたためていたように、信長は若き頃すでに死生観が凝縮された小歌を何度も詠っていた。

歌を体現するように四十九年の人生を駆け抜けた信長には、辞世の句など新たに詠む必要はなかったのかもしれない。

第10話 辞世の句、百景 2

戦国 江戸

第9話では、戦国武将の辞世の句を紹介した。ここでは江戸時代や幕末の辞世の句を紹介する。ひとりでなく合作で完成した辞世の句が、幕末維新の志士・高杉晋作《たかすぎしんさく》とそれを支援した尼・野村望東尼《のむらもとに》のものだ。

おもしろきこともなき世をおもしろく
すみなすものは心なりけり

意味は、退屈な世の中を必死に面白く生きた。そう思えるのは、本人の心がけ次第だ、となる。晋作が上の句を考え、望東尼が下の句を考えたのだという。だが、最近では晋作ひとりで考えた作だという説もあるそうだ。いずれにしても、奇兵隊《きへいたい》を組織し幕末の情勢を掻き乱し、結核で志半ばで死んだ男の辞世としては実にしっくりとくる。

幕末には様々な剣士が活躍し、中には殺人鬼としか思えない男もいるが、どうしてどうして辞世の句は丹精なものが多い。

では、問題。以下の二つの句は幕末維新の誰が詠ったものか。

君が為、尽す心は水の泡
消えにしのちぞ、すみ渡るべき

動かねば
闇にへだつや
花と水

意味は前の句が、「あなたのために尽くした心は消えてしまうが、その後には澄み渡った心地が広がっているであろう」というもの。

後ろの句の方は、「動くことができない状況では、いずれ闇によって花と水は隔てられてしまうだろう」となる。

正解は、前の句が岡田以蔵《おかだいぞう》、後ろの句が沖田総司《おきたそうじ》の作だ。土佐勤王党《とさきんのうとう》で人斬りと恐れられた男と新撰組の鬼の一番隊長と呼ばれた男とは思えぬほど、女性的な感性が垣間見られる。

以蔵の句の「君」と総司の句の「花と水」が何を表すかで、解釈が変わるのも面白い。私は「君」が以蔵の上司であり師匠の武市半平太《たけちはんぺいた》、「花と水」が総司と近藤勇《こんどういさみ》ととったが、「君」を天下国家、「花と水」を総司と土方歳三《ひじかたとしぞう》、あるいは全盛期の総司と病身の総司という読み方もあるようだ。

みなさんは「君」と「花と水」をどういうふうに解釈しただろうか。

彼らとは対極に、武人らしい辞世の句を詠った人もいる。近藤勇がそうだ。七文字の漢字で一行、全

体で八行の七言律詩《しちごんりっし》と呼ばれる漢詩スタイルで書かれている。わかりやすく日本語に訳してみる。文中に出てくる睢陽《すいよう》とは、中国の忠臣・張巡《ちょうじゅん》の異名のこと。

孤軍助け絶え俘囚となる
君恩、顧みれば更に涙流る
一片の丹衷よく節に殉ず
睢陽は千年来の友人
他に靡《なび》いて弁解はしない
義を取り生を捨てるは私の尊ぶ所
快く受けん電光三尺の剣
一死をもって君恩に報いん

先の岡田以蔵や沖田総司に比べると、随分と勇ましい。ここまでポジティブな心持ちで死に臨めるのかと感心してしまう。きっと、近藤勇は己を講談や英雄譚の中の主人公に見立てていたのであろう。そして、その見立ては死を前にしてもいささかも揺るがなかった。敗軍の将とはなったが、きっと後悔のない人生であったろう。

武士ではなく、芸能の人の辞世の句にも面白いものがある。浄瑠璃《じょうるり》作者の近松門左衛門《ちかまつもんざえもん》の辞世の句が以下だ。

それ辞世、さる程さても、その後に
残る桜の、花し匂はば

意味は、「さあ辞世の句だ。今から世を去るが、それよりも後世に残る物語こそが私の辞世の句だ」といったところか。

「話」と「花し」をかけているところが洒落ている。私の残した傑作こそが辞世の句だよ、といっていて大変へそ曲がりな性格がうかがえるが、近松門左衛門がいうから説得力がある。あやかりたいものだ。

では、最後にまた問題を出す。日本の歴史の中で、一番多く辞世の句を詠った人は誰か？

考えてみてほしい。


正解は、松尾芭蕉《まつおばしょう》だ。旅の俳諧師である芭蕉は、弟子や知人から辞世の句を求められることがあった。その時、答えたのが「平生すなわち辞世なり」という言葉。つまり、芭蕉の発する普段の全ての言葉や俳句が辞世であるというのだ。

さらに、芭蕉はこうもいっている。

「昨日の発句は今日の辞世、今日の発句は明日の辞世。わが生涯、いひすてし句は一句として辞世ならざるはなし」

というより、このコメントがすでに辞世の句っぽい。この言葉が事実ならば、芭蕉の創った俳句が全て辞世の句ということになる。ちなみにネットで調べてみると、松尾芭蕉の俳句は確認されているものだけでも九百八十二句あるという。つまり、千近い辞世の句をものしたことになる。

参考までに芭蕉の人生最後の作は

旅に病んで
夢は枯野を
かけ廻る

病中吟《びょうちゅうぎん》と呼ばれるもので、松尾芭蕉が病床の中で詠んだものだ。最後の句を弟子に口述筆記させた後、「もう俳諧を忘れたい」といったともいう。治療に専念したかったのに、つい俳句を考えてしまったのだ。しかし、五十年の習性がそれを許さなかったとも嘆息している。

業が深い人生ではあるが、羨ましくもある。

この俳句をものしたのが元禄七年（一六九四）の十月八日、没したのがその四日後の十月十二日。

生涯をかけて辞世の俳句を考え続けた松尾芭蕉、最後の四日間は俳句から解放されたのだろうか。

飛鳥

第11話　聖徳太子の正体

『金剛の塔』という宮大工を主人公にした小説を書くにあたり、ひとつ問題があった。果たして、聖徳太子は実在したのか否か、である。

聖徳太子が登場するのは『日本書紀』だが、当時の権力者・藤原不比等《ふひと》らが創作した人物ではないかという説がある。

実在はしていたかもしれないが、数々の伝説には疑問符がつくと考える研究者も多い。

聖徳太子は非実在だが、厩戸《うまやど》皇子は実在したという説もあり、もう何がなんだかわからない。

私は歴史学者ではないので、実在、非実在をここで論じる能力はない。ただ、史実の隙間にフィクションという妄想をぶっこんで遊ぶことだけはできる。

では、そんな聖徳太子の史実の隙間で遊ぶためには、彼がどんな人物であったかをざっと知っておかねばならない。

生年は、西暦五七四年。

十七条憲法や冠位十二階など、中国や朝鮮の法や政治に詳しい。

『未来記』などの予言の書を著すなど、超能力を持つ。

十人以上の嘆願を一度に聞き、それぞれに的確な答えを返した。

などなど。

他にもあげれば、人語をしゃべる犬を飼っていたなどあるが、きりがないのであくまで代表的な逸話のみを抽出した。

これらの逸話に、無理なく符合しそうな人物がひとりだけいる。

善信尼《ぜんしんに》という女性だ。

善信尼のもともとの名前は、嶋という。

生年は五七四年で、聖徳太子と同い年である。彼女は、蘇我氏と共に仏教隆興につとめた司馬達等《しばたっと》の娘だ。司馬達等は、もともと倭国の人ではなかった。嶋こと善信尼が生まれる約五十年前、五二二年に渡来してきたという。

司馬達等の娘の嶋は、高句麗《こうくり》から日本に渡ってきた恵便《えべん》の弟子となり出家した。その時の年齢は、なんと数えで十一歳。日本最初の仏教徒が、十一歳の少女なのだ。

仏教に対する理解が、日本にはなかったがゆえの出来事である。卑弥呼から続く、シャーマニズムの考えが抜けていなかった。倭国の神祇《じんぎ》に仕えるのは、清らかな処女でなければならない。ならば、きっと仏教もそうであろう、と考えた。

これが、当時の日本の仏教の理解の限界だった。嶋は、同い年のふたりの少女、豊女《とよめ》、石女《いしめ》と共に出家する。そして善信尼と名乗った。

他のふたりはそれぞれ禅蔵尼《ぜんぞうに》、恵善尼《えぜんに》という名乗りを得る。そして崇仏派の蘇我馬子《うまこ》は、この三人の娘をシャーマンのように崇め奉った。

そんな善信尼は出家した年に、聖徳太子のように奇跡を起こす。その様子を『日本書紀』はこう記している。

〈（蘇我馬子は）三尼（善信尼ら）を屈請し、大会の設斎す。この時に、（司馬）達等、仏舎利《ぶっしゃり》を斎食の上に得たり〉

突如として、釈迦の遺骨である仏舎利が現れる奇跡を起こしたのだ。

〈試みに舎利を（中略）黒鉄の質（台）の中（上）に置きて、鉄の鎚を振ひて打つ。其の質と鎚と悉くに摧壊れぬ。舎利は摧壊るべからず〉

蘇我馬子は仏舎利が本物かどうかを試すために、鉄の台の上に置き、鉄の鎚で打ったというのだ。何とも野蛮な方法だが、予想に反して壊れたのは台と鎚の方だった。

さらに仏舎利を水に沈めると、〝心の願い〟のままに浮いたり沈んだりしたという。

翌年、大野丘に馬子は仏塔を建てて、また大会を設斎した。

が、急進的な馬子の政策に、排仏派の物部《もののべ》氏などが反発。大野丘の仏塔は焼かれ、さらに善信尼ら三人の尼は捕まってしまう。そして全裸にされ鞭打たれてしまった。

崇仏派と排仏派が激しく対立するなか、善信尼はある決断をする。

それは、留学である。

仏教をより深く学ぶために、百済へと渡ろうとした。『日本書紀』によると、彼女は自ら志願したという。が、百済の大使らの反対で、すぐの留学はかなわなかった。大使らも、排仏派が勝利した時のことを考えて慎重になっていたのだろう。

そして、崇仏派勝利後の五八八年に、やっと百済留学の許可が出て海を渡った。

彼女は日本最初の仏徒であると同時に、日本最初の留学生でもあったのだ。

そして五八九年、十六歳の時に帰国し、桜井寺《さくらいじ》に住む。


もし、善信尼が聖徳太子だったならば、十七条憲法や冠位十二階の内容を策定するのも容易だろう。何といっても、百済に留学していたのだ。朝鮮や中国の法律や官位にも詳しいはずだ。

十人の訴えを同時に聞いたというのは、善信尼ひとりではなく一緒に出家したふたりの少女、禅蔵尼、恵善尼と一緒ならば、一人で三〜四人の訴えを聞けばいいから、不可能ではない。何より、舎利を出現させた奇跡は、聖徳太子の超能力とも通じる。

ちなみに善信尼の没年はわかっていない。聖徳太子は六二二年、四十九歳で没している。

もちろん、善信尼が聖徳太子であったというのは私の妄想だ。

ただ、ひとついえることがある。

仏教が神道と混じりあう前の黎明期、十代の少女が過酷な運命に果敢に立ち向かった。

それだけは確かだ。

第12話　平安時代の最高学府、大学寮とは？

平安

中国には太学《たいがく》や国子監《こくしかん》という官僚養成学校が存在し、科挙《かきょ》という厳しい官吏《かんり》登用試験があった。日本はどうか。大学寮《だいがくりょう》という教育機関が存在し、科挙に似た試験もそこで行われていた。大学寮は平安時代に最盛期を迎え、菅原道真などを輩出した。平安時代の教育を支えた大学寮とはいかなるものか、ここで紹介する。

大学寮で学ぶ人を、学生《がくしょう》と呼んだ。学生は原則、大学寮に寄宿する。入学するには束脩という費用を納めねばならない。布一端と酒、食糧を渡したという。布一端は当時の二十日分の労賃にあたる。今でいえば二十万〜三十万円ほどか。毎年必要かどうかは調べてもわからなかったが、最高学府の学費としてはかなり格安だ。

現在の大学のように、大学寮には休暇もある。

旬仮《じゅんか》＝十日に一回ある定期休暇。
田仮《でんか》＝春の農繁期の休暇。帰省も可。
授衣仮《じゅいか》＝冬用の衣の支度のための休暇。帰省も可。

ちなみに無断欠席が百日をこえると退学になった。

大学寮の在学期間は時代ごとにちがうようだ。私が見た史料では、九年で強制退学と書いてあった。

しかし、後の時代になると十年以上在学する者も珍しくなく、孫のいる学生もいた。

大学寮は徐々に規模を拡大させ、平安時代には以下の四つの学科が確立される。

明経道《みょうぎょうどう》（儒学）
算道《さんどう》（数学）
明法道《みょうぼうどう》（法律）
紀伝道《きでんどう》（詩と中国史）

中でも人気だったのが、紀伝道だ。その学生のことを「文章生《もんじょうしょう》」と呼ぶ。後に菅原道真ら朝廷政治を左右する実力者が紀伝道から輩出される。紀伝道の定員は二十名なので、まず明経道などの別学科に入学して、紀伝道の文章生に転籍するものもいた。

そんなこともあり、紀伝道の学生身分は階層化されていく。

擬文章生《ぎもんじょうしょう》　20名
文章生　20名
文章得業生《もんじょうとくごうしょう》　2名

擬文章生は、紀伝道が人気のために新設された学生身分である。予備校的な意味合いが強い。

そして、擬文章生になるために試験があった。試験は大学寮で実施されたので、寮試と呼ばれた。『史記』などの中国の歴史書から五問出題され、三問正解すれば合格となる。欠員ができてから募集されるので、かなり狭き門だ。

擬文章生になれたら、上位カーストの文章生に欠員ができるのを待つ。欠員がでると、昇格試験を受けられる。こちらは式部省で行われるため省試と呼ばれた。出題は歴史問題ではなく、作詩だったようだ。残っている史料では、十五人が受験し七人が合格している年もあれば、一人が受験して不合格の年もある（欠員は来年に持ち越されたのだろうか？）。

文章生になって数年して任官していくのが一般的なコースだが、さらにカーストを上っていくこともできた。それが、文章得業生だ。こちらは定員二名の非常に狭き門である。試験ではなく、推薦によって地位を獲得できたようだ。滝川幸司氏の『菅原道真――学者政治家の栄光と没落』（中央公論新社）によると〈性識が聡慧《すぐ》れており、藝業《げいぎょう》が優長である者〉が選ばれたという。

さて、学生カースト最上位の文章得業生になると、朝廷の役職が与えられる。菅原道真は二十三歳の時に文章得業生となり、下野権少掾《しもつけごんのしょうじょう》に任官している。学費や給費支給という意味合いが強く、給料をもらいながら勉学する防衛大学生と似ている。

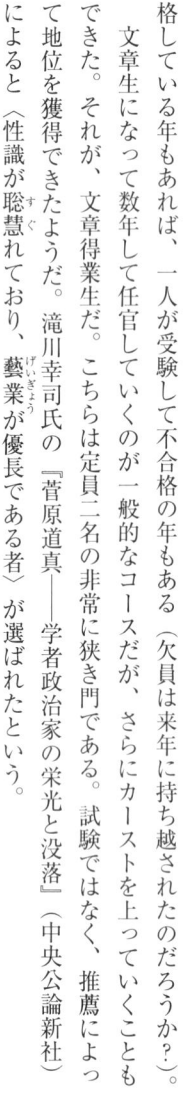

文章得業生になると〝対策〟という官吏任官試験を受けることができた。これに受かれば、上位の官位で任官ができた。警察でいえば、キャリア組にあたるだろう。

対策には、秀才試と進士試の二種類があった。どちらを選ぶかは本人次第だが、ほとんどは秀才試を選んだようだ。が、この秀才試はかなりの難関だった。

久木幸男氏の『日本古代学校の研究』（玉川大学出版部）によると、〈約二三〇年間における合格者は、わずか六五名〉という有様らしい。これが本当であれば、秀才試の合格者は三年か四年に一人しか現れない。

秀才試では二つのテーマが出題され、それに沿って論文を執筆した。久木氏の前述書に掲載されている問題は「周代は聖者が多く、殷の時は賢者が少ないのはなぜか」や「馬は大行の後、地に聞き、犬は小行の時、足を上ぐるはなぜか」などがある。前者はわかるが、後者は多分、馬の大便と犬の小便の話だと思うのだが、そこからどう政治的答案へ導くかは謎である。

これに受かれば、官位昇進した上で任官できる。菅原道真は二十六歳の若さで秀才試を通り、正六位下から正六位上と一階級上昇した。

前述したように、この秀才試は難関だった。道真の先輩学友に、菅野助道という男がいた。道真が文秀才試に落ち続けてついに受かることがなく、五十九歳で死去した。道真はその無念さを歌にして残している。

弁護士試験や医学部入学のために浪人を繰り返す受験生の話はよく聞くが、今も昔も試験合格にかける執念は変わらないようだ。

第13話　光秀のくじ運

室町
戦国

明智光秀が本能寺の変の四日前に、愛宕山で籤《くじ》を三度引いたのは有名な話だ。『信長公記』で、その部分を確かめてみる。

〈（光秀は）思うところあってか、二度、三度おみくじをひく〉

三度籤を引いたと思っていたが、二度の可能性もある。二度と三度では、随分と印象が変わる。さて、複数回、籤を引くことにどんな意味があるのか。

これより百五十年ほど前の貴族の日記『建内記』に、籤を複数回引いて神意の確実性を高めたということが書かれている。応永三十五年（一四二八）のことだ。四代将軍を務めた足利義持《よしもち》が後継者を指名せず病没し、弟たちの中から次の将軍を選ぶために籤引きを決行した。結果、足利義教《よしのり》が将軍に選ばれる。

『建内記』に書かれている籤引きの様子を見てみよう。

〈神棚御前の上において（中略）これを取る。両度（二度）これを取る。青蓮院（義教）なり。次で他人をしてこれを取らしめる（中略）また青蓮院なり。三ヶ度同前と云々〉

三度、籤を引くだけでなく、最後の一回は別の人物に引かせたという。結果、三度とも義教という卦《け》が出た。

ちなみに、実際の将軍決定の籤引きでは、三度引かなかったようだ。他の史料を参照すると、三度引いたという記述はない。が、三度籤を引いて神意の確度を高める方法は当時メジャーだったからこそ、そんなデマが流れ、『建内記』の作者の耳にも届いたのだ。

信長討ちの大仕事を前に、光秀は神意の確実性を高めたかった。

だからこそ〈二度、三度おみくじをひく〉という行為に及んだ。

さて、光秀はどんな手順をふんで籤を引いたのだろうか。

またしても足利義教の故事を見てみる。義持死後の将軍を決める籤引きだが、ちゃんと籤引きに立ち会った当事者の記録がある。それを見ると、籤の記入、籤引き、籤開封の三つの役割を、別々の三人が担当している。籤の記入をした人が籤を引いてしまうと、籤の些細な特徴を覚えているかもしれないからだろう。

では、光秀の愛宕山の籤引きだが、やはり慎重に慎重を期したはずだ。籤の記入は光秀とは別人が行い、それを光秀が引く。愛宕山の籤には、何と書かせたのだろうか。「吉」「凶」だけでは、あまりにも味気ない。かといってストレートに「信長殺」「信長不殺」などとは書かないだろう。見られて密告されたら、挙兵以前に処刑確定だ。

籤引きの先例を見てみよう。次期将軍を決めずに没した足利義持だが、生前にも籤引きで神意を問うている。義持には男児がおり五代将軍となっていたが、早逝してしまったのだ。弟はいるが、男児はいない。義持は自分に再び男児が得られるか否かを、お神籤で問うた。籤は二種類用意した。

「御剣を奉納する」

「御剣を奉納せず」

そんな意味のことを書かせた。

「御剣を奉納する」は、男児出生の悲願が無理という意味。つまり〝凶〟だ。

「御剣を奉納せず」は、男児出生の悲願は成就されるという意味で〝吉〟になる。

奉納する＝不成就、奉納せず＝成就、というのが実にややこしい。

男児出生の成否は多分にセクシャルな要素を含むので、御剣奉納というキーワードに悲願を託したのかもしれない。また、当時は言霊信仰が盛んなので、籤とはいえ「男児出生せず」などとは書きたくなかったとも想像できる。

ちなみに、籤にある御剣というのは二代将軍以来の実在する足利家の宝剣だ。

結果は、「御剣を奉納せず」で男児出生の悲願成就という卦が出た。が、皮肉なことに男児は出生せず、彼の死後に弟たちの中から籤引きで将軍が選ばれた。

思うに、光秀が愛宕山で籤を引いた時も、この手法で文面を書いたのではないか。信長殺しほどの大博打《ばくち》だ。「吉」「凶」のシンプルな文面では、神意が宿らないと考えてもおかしくない。明智家伝来の宝物の奉納の可否で、吉凶を託した方がテンションも高まるし、覚悟も固め易いのではないか。

こうして、籤の用意はできた。あとは光秀が引くだけだ。神意の確度を高めるために、二度引いた。三度目は別の誰か、光秀の腹心が引いたのかもしれない。だから、公記の記述は「二度、三度おみくじ

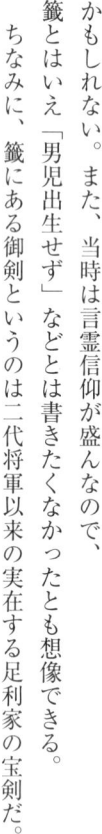

をひく」となったのではないか。

とはいえ、違和感もある。光秀は比叡山延暦寺《ひえいざんえんりゃくじ》焼き討ちで活躍したといわれ、どちらかというと神仏を迫害する側の人間だ。そんな男が、神意に運命を託すだろうか。

実は、光秀は出世の糸口をお神籤《みくじ》のような神事で掴んでいるのだ。永禄十二年（一五六九）の本圀寺《ほんこくじ》合戦だ。足利義昭《よしあき》は反対勢力に包囲される。『武家事紀』によると、入札で重要拠点の守備を人選した。簡単にいうと多数決だ。当時は容疑者不明の犯罪が発生すると神前に関係者全員を集め多数決で容疑者を決定するなどしており、入札はお神籤同様に神意が宿る行為だったと想像される。

この時、トップとなる十七票を集めて重要拠点の守備役に任命されたのが光秀だった。これをきっかけに光秀は信長に認められ、大出世する。

この成功体験があったからこその、愛宕山でのお神籤だったのではないか。

入札という神頼みで光秀は信長に認められ、お神籤という神頼みで信長を見限った。

果たして、そこに神の意志はどれほど込められていたのだろうか。

第14話 ── 形式主義の室町

室町

室町時代を調べていると、当時の政策決定などに人間の主体的な意志がほとんど込められていないのではないか、そう思う事例が多々ある。

では何によって、政策が決定されることが多かったか。先例《せんれい》と神慮《しんりょ》だ。それは、形式至上主義と密接に関係している。

前話で書いた四代将軍足利義持《よしもち》は、死の十一日前の応永三十五年（一四二八）一月七日に病に陥る。年が始まる一月は、重要行事が多い。御所に幕臣たちが集まる御評定始《ひょうじょうはじめ》などだ。義持は重篤だったが、なんとかそれに出席しようとした。

ここで問題とされたのは、終わった後の退出の順番だ。先例ならまず義持が退出し、後に管領以下の幕臣と続く。が、義持が退出する時、病のため転倒したら不吉な先例になるという危惧が出たのだ。もっと心配するべきところはあろうに……と思うのだが真剣な討論の結果、「新儀だが、管領から先に退出」と決まった。

新儀とは先例に囚われない方法という意味だが、当時はかなりネガティブな使い方をされている。こうして、一月十一日に先例通り御評定始は行われた。義持は病を押し、ほんの一瞬、顔を出したという。

ちなみに、義持の病状は座ることもできないほど悪化していた。にもかかわらず、御評定始以外の行事にも義持は必死に参加しようとした。その理由は「佳例」であるからだ。佳例とは佳《よ》き先例という意味である。

義持はとうとう死を覚悟した。五代将軍を継いだ嫡男は早逝しており、義持の弟の中から後継者を指名する必要があった。が、義持はこれを拒否し、籤引きによる抽選で決することに。

幕臣たちはすぐにでも籤引きの実行を望んだ。死んでから籤引きをしては、政治的空白が生まれてしまう。が、義持がこれを拒否。前話で書いたように、義持は男児出生の可否を籤で問い合わせていた。そして、男児が出生するという卦が出た。が、今ここで弟から後継者を選ぶ籤を引くと、先の男児出生の籤の神慮に背くことになる。それが生前の籤引きを拒否する理由だった。

そもそも、危篤状態にある今、先の男児出生の籤引きの卦は明らかに誤りである。が、そう判断するのは現代の私たちが合理的すぎるのだ。外れた卦もまた何らかの神慮が込められている、ということなのだろう。

苦慮の末、幕臣たちは義持生前に籤を引き、死後に開封する折衷案を発案。涙ぐましい努力である。十七日の午後九時に八幡宮に幕臣が赴き籤を引く。八幡宮は石清水《いわしみず》八幡宮のことと思われる。京の中心部から二十キロも離れている。悠長なことこの上ない。深夜、幕臣は御所に戻り、翌十八日の午前十時頃、義持が死去。その日のうちに籤が開封された。

こうして籤引き将軍こと、六代将軍足利義教《よしのり》が誕生する。

が、幕臣の努力は水泡に帰す。

義教が正式に将軍に任命されたのは、翌年。つまり政治的空白が約一年発生したのだ。

義持死去時、義教は僧侶だった。僧侶から将軍になったのは過去に一例しかなく、しかもそれは足利尊氏に敗れた護良《もりよし》親王だ。凶例のため、将軍宣下の時期などが紛糾する。次期将軍を籤で決定することを、後小松《ごこまつ》上皇に報告していなかったのも悪かった。後小松上皇がへそを曲げたのだ。ちなみに報告を怠った理由は「幕臣が故事を知らず、自ら朝廷に上奏するのは畏れ多いと判断した」からだ。ここでもまた、形式主義の弊害が出ている。

「僧侶のなりをした人が俗官（将軍宣下）を得るのは、罪人に官位を与えるもの」という意味不明の形式論がまかり通った。義教は幼時から入山していたので、元服していないのも問題だった。将軍になるには元服が必要で、そのためには冠や烏帽子をかぶらねばならない。しかし、冠を固定するための髷《まげ》が、坊主頭なのでない。三十五歳の義教が元服するために、髪が伸びるまで待つということになった。

元服の儀は本来なら大人になる儀式だが、いつのまにか冠を固定できる髷が結えるかどうかに内実が堕してしまっている。

政治的空白を生まぬように、籤引きと籤開封を二段階に分ける幕臣たちの苦心の策はこうして瓦解した。この空白期に、後小松上皇が鎌倉公方の足利持氏《もちうじ》に将軍宣下するという噂が駆け巡るなど、混乱が発生した。

籤引きで選ばれた義教がようやく将軍になったのは、義持死後から一年以上たった正長二年（一四二九）三月十五日。この義教も、先例を踏襲した。幕府最盛期を築いた三代将軍義満《よしみつ》の先例である。官位就任の月を義満とあわせたのだ。

三月に権大納言、八月に右大将に就任。ちなみに日付までは義満の先例にあわせなかったのは、陰陽師に吉日を選ばせたから。先例と神慮で権威をコーティングしたのだ。

義満の先例で重要なのは、右大将に就任した後の拝賀《はいが》の儀式である。拝賀の儀式で、〈公家一同扈従せねば生涯を喪う〉（参加しない公家はすべてを失う）とまでいわれた一大イベントに仕立て、義満は朝廷を掌握した。

永享二年（一四三〇）七月に実施された義教の右大将拝賀も義満の先例を踏襲。参列した人物の官位まで再現する凝りようである。一例をあげると、摂津満親《せっつみつちか》は義満に扈従した祖父と同じ官位になるよう、一気に二階級以上昇進。「従四位下を与える日に、実は正五位下だったことにする」という、明らかに日本語がおかしい形式論を使って実現された。

これらは、義持死去から義教の右大将拝賀まで二年半の間に起こった出来事である。私たちからすれば、あまりにも合理性に欠ける。が、海外から研修生と称して労働力を確保する現代と、室町の形式主義はどことなく似ていなくもない。

私たちの心の奥底には、室町人のＤＮＡがいまだに根付いているのかもしれない。

第15話 ― 室町パンデミック

室町

コロナウイルスの騒動もまだ記憶に新しいが、過去、日本は何度も疫病に襲われている。ここでは、室町時代のパンデミック騒動について書いてみたい。

この騒動の発端は、飢饉である。寛正元年（一四六〇）は異常気象の年だった。八月と九月に諸国で嵐による洪水、日照りによる干害、さらにはイナゴによる蝗害《こうがい》までもが発生した。中国地方の備前《びぜん》・美作《みまさか》・伯耆《ほうき》などでは「人民相食む」というほどの食糧難だった。これによって流民が大量に発生して、彼らは京を目指した。とはいえ、京も飢饉の被害を受けている。結果、飢えた人々で京は溢れかえる。

当時の悲惨な様子が、東福寺《とうふくじ》の僧侶の日記に記されている。ある貴公子が従者たちを引き連れて花見の帰路についた。よほど鯨飲《げいいん》したのか、一行の中の何名かは路上に嘔吐している。そのすぐ横では、河内国《かわち》からの流民夫婦が餓死した子を抱いて泣き叫んでいたという。そんな光景が当たり前にあった。ちなみに、武士や公家も貧困に喘ぎ、その餓死者や自殺者も少なくなかったという。その反面、酒に酔って嘔吐する富める者との格差は残酷なまでに広がっていた。

餓死者はどんどんと増え続ける。一日に数百人にものぼった。

これに対し、幕府は無策だった。時の将軍の足利義政《よしまさ》は特にひどかった。飢饉対策を一切しなかっただけでなく、花の御所といわれる室町殿の造営にかかりっきりだった。義政は〝上医は国を医し、中医は人を医し、下医は病を医す〃を座右の銘にしていたが、彼ほど中身と行動が伴わない施政者はいない。逆にすがすがしいほどの空虚さだ。

翌寛正二年も餓死者は一向に減らない。そんな義政を諫める人物が出てきた。後花園《ごはなぞの》天皇である。帝は一編の詩を義政に贈った。

残民、争って山の蕨をとる
炉は火を失い、扉は閉鎖された
詩興が吟ずるは、春二月の酸なり
御所の草花は誰がために輝く

こんな意味の漢詩を贈った。私は漢詩の良さはわからないが、なかなかによい詩だと思う。これを受け取った義政は大いに恥じたという。そして行動に移した。花の御所の造営を止めたのだ。ただし、止めただけである。その分の費用を、飢民対策に回すなどはしなかった。

しかし、この帝と義政の行動に公家たちは喝采を惜しまなかった。行動を自粛してくれただけで、拍手したくなる気持ちはわからぬではない。が、庶民にしてみれば、なんじゃそりゃという話だ。しかも、義政は御所の造営は取りやめたが、そのかわり母のいる高倉殿の造営に巨額の費用を投じたのだ。

このらりくらり加減は、現代の政治家にも通じる。

しかし、さすがの義政も飢民対策に乗り出す。きっかけは、父親である亡き足利義教《よしのり》が夢枕に立ったからだ。興福寺《こうふくじ》の僧侶の日記に、義政の夢枕に義教が立ち飢民救済を訴えた、とある。ちなみに足利義教は、恐怖政治を行った結果、宴の席で家臣に暗殺された逸話を持つ。

「飢民を救済しないと、お前も俺みたいになっちゃうよ」

ぐらいのことは夢の中でいわれたのかもしれない。

とうとう、義政は飢民対策を決意する。

時宗《じしゅう》の願阿弥《がんあみ》に命じて、六角堂の前に簡易宿舎付きの炊き出し所を建設させた。大鍋を十五も設置した本格的なものだ。飢えた人に急に米飯を食べさせると逆に死ぬことがあるので、粟粥を煮た。さらに糂《こなかき》という肉と野菜と米の入った栄養価の高い汁物も与えた。

かなり手厚い内容で、動けぬほど衰弱したものは、竹の輿に乗せて運んだ。

が、どうしたことか人がどんどん死んでいく。細心の注意を払って粟粥を煮ているというのにだ。

僧侶たちが毎日、鴨川の水辺や路地の空き地に亡骸を運ぶ作業も日を追うごとに大変になっていく。

施行する僧侶たちもばたばたと倒れ息を引き取りはじめた。願阿弥も病床に伏し、重体になった。

飢饉の陰に隠れていたが、実は疫病も流行していたのだ。そして、皮肉なことに飢民のための願阿弥の施行所がクラスターの発生源となった。

輿で運ばねば動けぬほど衰弱した人に、次々と疫魔が襲いかかった。

それは施行所の外にまで一気に広がる。

結果、炊き出しを施行した月を含む二ヶ月間で、八万二千人もの人が亡くなった。このうち、疫病と餓死の割合がどれほどかはわからない。が、願阿弥の施行期間中の死者数なので、食は十分に足りていたと考えられる。死因の大半が疫病であったと推測する。

これは完全なる人災だ。義政が施行所を設置しなければ、もっと少ない死者ですんだ。あるいは、前年の時点で施行所を設置していれば、疫病の流行はおろか飢饉の死者も食い止められていたはずだ。義政という男の政治センスのなさというか、巡り合わせの悪さは相当なものがある。

あえて不幸中の幸いをあげるなら、義政が施行所の予算をけちったことだ。その額一日十五貫と、かなり低い。母親の邸宅の障子一間に二十貫、猿楽の大夫のギャラに一日百貫を義政は払っている。これらと同じ情熱で施行所を運営していたら、もっと大きなパンデミックが発生していたかもしれない。

コロナやインフルエンザなど、今も疫病は我々を苦しめている。せめて人災で被害が拡大されないよう願うだけだ。

第16話 応仁の乱、奇人伝

室町

室町時代は今の常識が通用しないせいか、奇人変人が多い。最大の戦乱、応仁の乱を戦った武将たちもそうだ。

東軍の総大将の細川勝元《かつもと》は、多才な人であった。『碧巌録《へきがんろく》』という宋代の禅の指南書を熟読し、『霊蘭集《れいらんしゅう》』という医術書を自ら著するほどであった。

和歌は、東常縁《ひがしつねより》という名人に学んだ。勝元の詠んだ歌も残っている。

「おほ海の限りもしらぬ浪の上に、あはれはかなく船の行くのみ」

大海の波の上に、ただ船が一艘航海する。そんなはかなさを歌ったものだ。

勝元の歌道好きの影響だろうか、東軍は目印のために腰に絹織の小旗をつけ、そこに詩歌を書きつけていたという。

絵もうまかったようで、達磨《だるま》大師の絵や白鷹の絵を描いたことが伝わっている。描いた白鷹にはモデルがあって、勝元の愛鷹だった。信濃《しなの》国諏訪《すわ》から贈られたもので、勝元が大切に育てていたのだ。相当な趣味人だったのだろう。グルメにもうるさく、鯉をとにかく好んで食した。『塵塚物語』という史料には、こんなエピソードがある。

宴席に出てきた鯉を食べて、勝元がこういったという。

「この鯉は間違いなく淀のものだ。箸をつけると汁が濁るのはよくない鯉で、淀以外の産である。淀産の鯉は名物だから、箸で身を押しても汁が濁らない」

コメントからも、かなりの凝り性だったとわかる。

武術もそれなりの腕前だったようで、若い頃に刀で斬りかかられたことがある。勝元が小姓同士の囲碁を観戦中に、タブーとされる一方への助言をしたのだ。怒った小姓は刀を持って勝元に斬りかかった。相当に短気な小姓だったのだろう。が、勝元はこれを容易く組み伏せ傷ひとつ負わなかった。

新兵器、新戦術にも貪欲で、応仁の乱中に発石木《はっせきぼく》という中国の兵器を活用したり、足軽にゲリラ戦を展開させたりしている。

が、どれも器用貧乏の域を出なかった。

発石木などの投石や足軽ゲリラ戦術は、効果があったのは最初だけで、すぐに西軍に模倣されアドバンテージを失くした。医術書を著すほどに医学を勉強したが、本人は数え四十四歳で呆気なく死んでいる。細川家当主は大体四十代で死んでおり、長命の家系ではない。そういう意味では仕方がないかもしれない。が、死因は流行り病とある。持病などではない。きつい言い方をすれば、不摂生で死んだ。医者の不養生という言葉が嫌でも思い浮かぶ（あるいは生兵法は怪我のもと、の方が適切か）。

前述の和歌にしても下手ではないが、心に響くものはないと個人的に思う。目的よりも、手段の美しさに執着するタイプだったのではないか。策士、策に溺れるの典型かもしれない。

詩歌で名を残した武将がいる。美濃《みの》守護代の斎藤妙椿《さいとうみょうちん》だ。彼の特徴は、なんといっても合戦で負けしらずなこと。応仁の乱は、諸将がジャンケンのように勝ち負けを繰り返した。例外が妙椿である。守護大名の家臣にすぎないが「応仁の乱の盛衰を左右する」とまでいわれた実力者だ。

そんな彼が、東常縁の城を攻めた。前述の勝元の詩歌の師匠である。もちろん簡単に占領してしまう。が、すぐに手放す。東常縁が、妙椿あてにとても素晴らしい詩歌を送ったからだ。感動のあまり、城を返してあげたのだ。

城を攻めとった相手に詩歌を贈る東常縁は馬鹿だし、感動して城を返す妙椿も馬鹿だ。だけでなく、この二人とっても仲良しになったという。命がけで戦った兵たちのことを思うと、不憫《ふびん》でならない。

応仁の乱の少し前ぐらいから、二日酔いなる言葉が出てきたらしい。十度呑みや鶯呑《うぐいすの》みと呼ばれる無茶な鯨飲《げいいん》が流行り、嘔吐した人間が次の宴会幹事となる当座会なる会がしきりに開かれた。

酒の席では人物の素がでる。応仁の乱の武将たちも同様だ。

真蘂《しんずい》なる政界の黒幕が有馬へ湯治にいった。応仁の乱勃発の一年前のことだ。そこに同行したのが、東軍で活躍する多賀高忠《たがたかただ》と浦上則宗《うらがみのりむね》らだ。さらに細川家被官の安富元盛《やすとみもともり》、絵師の小栗宗湛《おぐりそうたん》などもいた。なかなかにはっちゃけた湯治旅だったようだ。浦上則宗は、鼓ヶ滝という名所で大声をあげると滝の水が一気に落ちるという言い伝えを聞き、絶叫して皆の笑いをとったという。なんて、お茶目な人だろうか。ちなみに彼は応仁の乱で大活躍し、主家の赤松家が失った領地をことごとく回復させた辣腕家だ。力を持ち過ぎて、後に主君とも対立してしまう。

かなり長期間滞在したようで、様々な客が来た。日野勝光の被官の墓崎はキス魔で、酒宴ではキスをしまくり、足の悪い安富元盛が逃げられずに餌食になった。

酒乱の客もいた。どこかで呑んできてへべれけになって宴に乱入し、なんと酒席で脱糞したのだ。運の悪いことに、汚物が小栗宗湛の手についてしまう。小栗宗湛は雪舟《せっしゅう》の兄弟子でありライバルだ。今でいえば、草間彌生《くさまやよい》の手にウンチがついてしまうようなものか。

が、小栗宗湛もただではすまさない。笑いをとりたかったのか、汚物のついた腕を多賀高忠の鼻先に押しつけた。多賀高忠は臭さのあまり、悶絶したという。

うんこドリルに夢中になる小学生レベルの戯れだ。

この多賀高忠は骨皮道賢《ほねかわどうけん》を使って京の治安維持で名をあげ、応仁の乱では南近江で連戦連勝。だが、詩歌馬鹿の斎藤妙椿と戦い、敗北を喫する。ウンコはつけられたが、別のウンにには逃げられてしまったのか。

一年後、応仁の乱で死闘を繰り広げる彼らにとって、束の間の休息であったのは確かだ。微笑ましいといっていいかどうかはわからないが、どのエピソードも人間臭い（洒落ではない）ことは間違いない。

第17話　――　武田家重代の鎧、数奇なる運命

室町

ＲＰＧなどのゲームの世界では、宝剣や伝説の鎧は定番のアイテムだ。皇室には草薙剣《くさなぎのつるぎ》などの三種の神器が伝わり、南北朝の争いでは南朝が三種の神器を奪うことで、皇室の正統性を主張しようとした。

戦国最強と謳われた武田家にも、伝説のアイテムが受け継がれていた。それが楯無《たてなし》という鎧だ。

〝楯がいらないほど硬い〟という意味から命名されたという。源氏八領といって、源氏宗家に伝わる八つの鎧の内のひとつだった。

参考までに、他の七領をあげる。

月数《つきかず》
日数《ひかず》
源太《げんた》が産衣《うぶぎぬ》
薄金《うすがね》
膝丸《ひざまる》
八龍《はちりょう》
沢瀉《おもだか》

ちなみに平氏にも唐皮《からかわ》、薄雲《うすぐも》と呼ばれる伝説の兵具があったという。

楯無は甲斐《かい》源氏の初代当主である新羅義光《しんらよしみつ》に受け継がれ、そのまま甲斐源氏の棟梁・武田家の神宝となった。

だが、楯無が争乱によって武田家の手を離れることもあった。跡部景家《あとべかげいえ》は甲斐国守護代の家系だが、信玄の曽祖父の武田信昌《たけだのぶまさ》と戦った武将である。

信昌が幼いのをいいことに武田家を専横し、楯無の鎧さえも奪った。

成長した信昌は、跡部と決戦に及ぶことになる。

戦場で両者が見えた時、跡部が楯無の鎧を着用していたという。武田家伝説の兵具を、武田家の敵が着用するという皮肉な展開である。そうすることで、跡部は敵の士気を挫こうとしたのだろう。

対する信昌は弓を引き絞って射ると、楯がいらないほど硬いはずの楯無の鎧を容易く貫通してしまった。

跡部は絶命し、信昌は政敵を葬ることができた。しかし、楯無の鎧の神通力に疑問が生じることに。

そこで信昌が楯無の鎧を着用し、三人の弓の名人に自らを射るように命じる。

〈武田家が武辺の家だといわれるのは、この鎧のご威光のおかげである。武田を継ぐ嫡子が、これを着用して矢で射抜かれるならば、すべては偽りである。そうであるならば、死んでも悔いはない、もしお前たちが射なければ、私は自刃する〉（平山優著『武田三代　信虎・信玄・勝頼の史実に迫る』より抜粋）

至近距離から矢を射たが、楯無はことごとく跳ね返したという。

楯無は、甲斐源氏の棟梁の血をひく者でないとその効力を発揮しないようだ。イングランドの正統王家の血をひく者しか抜けない聖剣エクスカリバーを想起させるエピソードである。さながら武田信昌は、アーサー王ということか。

ただ、鎧なので武田家当主の体格次第では着用できないデメリットがあるのでは……と、いらぬ心配をしてしまうのだが。何より形状が大鎧といって、平安・鎌倉時代に有効だった時のものだ。信昌の時代（応仁の乱直前）には、すでに時代遅れになりつつあったのではないだろうか。

ともあれ、その後、楯無は甲府の鬼門を守る菅田天神社《かんだてんじんじゃ》に安置された。重大事が起こるたびに武田家当主のもとに届けられたという。

武田家の起請文の文言にも楯無が出てくる。起請文には違約した場合に天罰を下す神々の名前が列挙される。その中に、楯無の名前もあるのだ。永禄十年（一五六七）に武田信玄が家臣たちに提出させた起請文には〈御籏・楯無の御罰を蒙り〉（前述書より）という文言がある。

御籏（以後、御旗《みはた》と表記）とは、神功皇后が朝鮮半島に遠征した折につかった日の丸の軍旗のことだ。楯無同様に、武田家の神宝として受け継がれていた。

武田家が重大事を決定する時、楯無と御旗は必ず当主のそばにあった。そして、二つの神具には恐るべきルールが存在した。

〈（御旗、楯無の前で）この誓文を立てられて後は、よくもあしくも、一切変更しないのが武田家の武将の作法であるから、勝頼公が誓文を立てられると、家老衆はみな「承知いたしました」と賛同した〉（佐藤正英著『甲陽軍鑑』より抜粋）

これは長篠《ながしの》合戦での一幕である。織田軍との決戦に反対する宿老らに、勝頼が決戦を主張するだけでなく、〈御旗および楯無しの鎧に誓って明日の合戦は延ばすまい〉（前述書）と誓ったのだ。

誓えば最後、たとえ不本意でもやり通さなければならない。デスノートのような恐ろしいルールである。

ゆえに武田家の重大決定時には、二つの神宝は常にキーパーソンのそばにあった。

信玄が父の信虎を追放する時も、楯無と御旗の前で籤を引いたという。結果は、信虎を追放しても領地安泰というものだった。これにより信玄は、クーデターを決行した。

上杉謙信との和睦の条件である村上義清《よしきよ》の信濃帰還を受け入れるべきと家臣たちが意見した時も、信玄は御旗と楯無に村上義清帰還を拒否することを誓った。その結果、五度の川中島の合戦に発展し、上杉家との泥沼の長期戦に陥った。

さて、天正十年（一五八二）に信長によって武田家が滅ぼされると、楯無は菅田天神社で密かに保持されたという。長く秘宝として保管されていた楯無が再び脚光を浴びるのが、幕府の命令で古書旧籍の調査が命じられた元文五年（一七四〇）だ。

その四十九年後の寛政元年（一七八九）には、盗賊に盗まれる被害にあってしまう。幸いにも賊は捕まり鎧の主要部分は取り返したが、紛失した金具も多くあったという。その後、神主らの尽力で鎧は補修され、寛政三年には十一代将軍徳川家斉《いえなり》への上覧も実現した。

そんな楯無は、今も現存する。

菅田天神社にある国宝「小桜韋威鎧兜・大袖付」がそれである。調査によると、兜鉢は平安時代後期のもので伝承とは矛盾しないとか。源氏八領のうち現存しているのは、もはや楯無だけだという。

源氏の歴史の生き証人かもしれない。

第18話　戦場のゲームチェンジャー・足軽

戦国

ゲームチェンジャーという言葉がある。物事の流れや環境を一変させるアイデアのことで、ごく身近な例でいうと、Ａｍａｚｏｎがそうだ。主流だった店頭販売の世界に、ｗｅｂによる通販というアイデアを取り入れ、販売の風景を一変させた。

戦場でもそれはあった。火縄銃や戦車、戦闘機、空母、最近ではウクライナ戦争のドローンなどにより、戦争の形が激変した。

戦国時代にも、いくつかのゲームチェンジャーが現れた。

そのひとつが、足軽だ。

無論、足軽は戦国時代以前から活用されていた。応仁の乱がそうだ。骨皮道賢《ほねかわどうけん》などの足軽が活躍した。

それ以前にもいた足軽が、なぜ戦国時代になって急にゲームチェンジャーになれたのか。それまでの足軽の活用方法は、ゲリラ的な使い方がメインだった。実際、応仁の乱では足軽は東西両軍の手先として、敵対陣営の輜重《しちょう》を焼き、要塞化した陣に夜討ちをかけた。有効な作戦ではあったが、戦場の主役ではなく脇役だった。

それが戦国時代になって一変する。長柄と呼ばれる長槍を装備し、密集隊形を作ることで、戦場の主役に躍りでたのだ。

ちなみに世界史的に見れば、長槍密集歩兵隊は珍しい戦術ではない。ファランクスといい、古代に生まれて千年以上も戦場の主役であり続けた。遅まきながら、戦国時代になって日本にも普及したというわけだ。

ファランクスや足軽長柄部隊は、実によくできたシステムである。

デーヴ・グロスマン著『戦場における「人殺し」の心理学』（以下、『人殺しの心理学』と表記）では、西洋のファランクスがいかに殺人に最適化した部隊だったかが説明されている。

まず、知っておかねばならないことは、人は「人を殺すことに多大な恐怖やストレスを感じる」ように本能がデザインされていることだ。

『人殺しの心理学』では、多くの実例でそれを示している。ひとつあげると、第二次大戦時、アメリカ軍の小銃装備の兵が敵と遭遇した時の発砲率はわずかに十五〜二十％だった。なぜ射たなかったのか。人を殺すことが怖かったからだ。人は、本能的に人を殺すことを恐怖する。

ちなみに人を殺すことに恐怖を感じない兵士は、全体の二％ほどしかいないという。第二次世界大戦では、全戦闘機のパイロットの一％未満が、全撃墜数の四十％近くを占めたという。

とはいえ、戦場で九十八％の人間が臆病者のままではらちがあかない。

では、どんな状況ならば人は人を殺せるのか。

先にあげた第二次世界大戦での小銃の発砲率だが、例外があることがわかった。指揮官の監視下にあ

る時は、発砲率が百％近かったのだ。人は監視のもとでは、発砲をする生き物なのだ。

また二人一組で操作する機関銃の発砲率も百％近かった。互いに互いを監視するのが理由のひとつ。

さらに、人は集団になれば人殺しが容易になるという法則もある。集団の中にいると存在が記号化されて匿名性が増すことで、罪の意識が分散されるのだという。

ファランクスや足軽長柄部隊にもこれらの法則が適用される。

〈方陣を形作る兵士は強力な相互監視システムのもとにあり、突撃の際に仲間に気づかれずに敵の急所を攻撃し損なうのはむずかしかった。肝心な瞬間に槍が上がっていたか下がっていたか一目瞭然だからである。（中略）兵士が密に集まることで高度な群衆の匿名性も発生する〉（『人殺しの心理学』より抜粋）

だからこそ、ファランクスは千年以上にわたって戦場の主役であり続けたのだ。

実際に、戦国時代の足軽長柄部隊はどのように戦ったのか。新撰組幹部らの出身地でもある八王子の言い伝えを、作家の子母澤寛が日記に書き残している。戦国末期発祥の八王子千人同心の槍の稽古の様子を知る古老から聞いたものだという。

〈雑兵は横に並び、自分の陣笠を鼻のあたりまで前のめりにして被る。（中略）槍の穂先は地面へ接するくらいに下げて、そこに視線を注ぎ、一切前方の敵は見ない。進退はただ後方に控えた指揮者の号令（ここでは陣太鼓）に合わせて足並みを揃え、前進後退をする〉（東郷隆著『【絵解き】雑兵足軽たちの戦い』（講談社））

陣笠を深くかぶることで、敵の様子が見えない。足軽たちは、ただ空間に対して槍を振ったにすぎないことがわかる。

人を殺したことによる精神的ダメージは、距離が近くなればなるほど高くなるという。つまり、ナイフの距離で殺せば心的外傷は大きく、爆撃機で殺した時はそれが少ないということだ。距離が遠いほど人間を殺したことが認識し難いからだろう。確かに、表情がわかる距離で人殺しはしたくない。陣笠であえて視界を防ぐことで、日本の足軽長柄部隊はさらに人殺しをしやすいシステムに改良されたのかもしれない。

さて、この足軽長柄部隊を使うのが上手かった戦国武将が、織田信長だ。

『信長公記』には、信長は三間（約五・四メートル）だった長柄を三間半（約六・三メートル）に改良したとある。信長は従来の足軽長柄部隊に、さらなる改良を加えていたのだ。

だけではなく、足軽が持つ長柄を全て朱色に塗った。朱槍は豪傑の武士のみに許される装具だが、それを雑兵ともいうべき足軽に許したのだ。

〈槍の者に三間半の朱槍を五百本ばかり、弓、鉄砲の者に五百ちょうを持たせて、寄宿の正徳寺へお着きになった〉（榊山潤訳『現代語訳　信長公記（全）』より抜粋）

信長が舅である斎藤道三と面会した時の描写である。足軽たちに朱槍を持たせる姿に斎藤家の者たちは笑ったが、ただひとり道三だけは信長の慧眼に感心したという。

日本で誰が足軽長柄密集戦法を考案したかは不明だが、信長は誰よりもその有効性を理解し、改良に余念がなかったことがわかる。その姿勢が、信長を天下人に押し上げたのかもしれない。

第19話 信長のオヤジギャグ

戦国

織田信長といえば日本史上最高の独裁者というイメージがある。くすりとも笑わず、逆らったものを容赦なく粛清していく。

そんな信長には、意外な一面がある。実は、お笑いやギャグが好きだったのだ。

信長のお笑いの才が遺憾なく発揮された……かどうかは怪しいが、桶狭間《おけはざま》の合戦は信長のギャグが炸裂した一戦でもあった。

今川義元の本陣に強襲する直前に、信長は熱田神宮《あつたじんぐう》に戦勝祈願に訪れる。信長が神酒の酌を受ける際、加藤順盛《よりもり》という人物を指名した。この加藤順盛は商人兼豪族の熱田加藤家の当主で、幼き家康を自邸で養育したこともある実力者だ。ちなみに、息子の加藤弥三郎《やさぶろう》は信長の小姓で、この桶狭間の合戦でも活躍することになる。

さて、信長である。

加藤順盛が酌をした時、こんな駄洒落を口走った。

「今日の戦に加藤（勝とう）」

かなりのオヤジギャグである。これで笑いをとるのは、難しいのではないか。

「信長様、何アホなこというてまんねん」と突っ込む人がいなければ、成立しない。

何より、酌をしたのが加藤ではなく薮田だったり牧田だったりしたら、どうするつもりだったのだろうか。

こんなギャグをいわれたせいか、加藤順盛は肝心の桶狭間の合戦に間に合わなかった。信長から、竹竿を急ぎ調達してから駆けつけるようにいわれたのだ。戦場についてみると、すでに今川義元が討ち死にした後だった。しょうもないギャグは聞かされるわ、無駄働きをさせられるわで、大変な目にあったようだ。

信長のギャグセンスの一端は、部下や家族へのあだ名やネーミングにおいても垣間見られる。一発屋芸人としてくすぶっていた有吉弘行《ありよしひろゆき》氏が、秀逸なあだ名をつけることでスターダムにのし上がったように、信長も人のあだ名をつけることに情熱を傾けた。ただ、やはりセンスがいいとは言い難い。

秀吉の〝猿〟や〝はげねずみ〟、光秀の〝金柑頭《きんかんあたま》〟などは有名な例だろう。人のコンプレックスを笑うのは、あまり趣味がいいとは言い難い。

ちなみに、秀吉の最初の名字の木下も、信長と出会ったのが木の下だったからそう命名された、と書いている史料もある。木下という名前の私がいうのも何だが、イマイチなネーミングだと思う。

信長の家族も、ネーミングの被害にあっている。自分の息子の織田信忠《のぶただ》には〝奇妙丸〟という文字通り奇妙な幼名をつけている。茶道好きがこうじたのか、次男の信雄《のぶかつ》も〝茶筅丸《ちゃせんまる》〟という幼名だ。

さらに、信長の部下へのトホホなあだ名の命名例を見てみよう。

〝編笠〟と呼ばれたのが、赤母衣《あかほろ》衆にも選ばれた伊東長久《いとうながひさ》だ。急な戦いで兜をつける暇もなく、編笠をかぶって駆けつけ、見事に一番槍の手柄をあげる。以来、信長は伊東長久を「編笠」と呼んだという。伊東長久は、おっちょこちょいな武者だったようで、他にも刀と脇差を落とし無刀で戦うこともあったとか。そんな性格をからかった、あだ名のようだ。

〝ちょっぽり甚右衛門《じんえもん》〟と信長に呼ばれたのが、平野甚右衛門だ。『兼松軍功覚書』に「馬廻の高名の一番」と呼ばれるほどの剛の者だった。背が低い男で、出身地をとって「津島小法師」と呼ばれていたが、いつしか「ちょっぴり」という意味の〝ちょっぽり〟と呼ばれるようになったとか。全然、強くなさそうなあだ名である。

ちょっぽり甚右衛門は信長と喧嘩し出奔、最後は上杉家に仕えたとも、一向一揆に参加し元同僚の柴田勝家と戦い死んだともいわれている。

ちょっぽり甚右衛門につぐ「馬廻の高名二番」に挙げられた勇士が、川崎金右衛門だ。彼は九州の筑《ちく》紫《し》出身ということもあり、信長から〝筑紫川崎〟と呼ばれた。まるで漫才コンビみたいな名前である。そんな彼が死んだのは、戦場ではなかった。衆道《しゅどう》（男色）の恋人が死に、その後を追い殉死したのだ。あだ名同様、死に方も珍奇である。

念のためいいそえておくと、信長がかっこいいあだ名をつけた例もある。

戦功抜群だった道家《どうけ》助十郎《すけじゅうろう》と清十郎《せいじゅうろう》の兄弟には、「無双道家」のあだ名をつけた。信長は、直筆の旗を下賜するほど、その功績を愛した。ただ兄弟ふたりに「ふたつとない」という意味の〝無双〟とあだ名するのは矛盾があるが、まあご愛嬌だろう。ふたりは、朝倉勢が南下した坂本合戦で壮絶な討ち死にを遂げている。

林新三郎《はやししんざぶろう》は、信長から〝槍林〟と愛された。論功行賞の無記名投票で、林新三郎が敵前逃亡したという投票が七つもあったが、信長は「臆病者どもが、お前を貶める気だぞ」といって弁護した。長島合戦で林新三郎は討ち死にし、それを恨んだ信長が長島虐殺を決意したと書く史料もある。

弓の名人・大島光義《おおしまみつよし》は、坂本合戦で勇戦する。茅を束ねた指物の白さが、雲の流れのように美しかったことから、〝雲八〟と信長から名乗るように言われた（八は、光義の名が宇八だったから）。〝雲八〟こと大島光義は、なんと関ヶ原戦役に九十三歳で参加し、天寿を全うしている。

ちなみに、信長はワンフレーズギャグも持っていた。

それは「大ぬる山」というもの。ぬるい働きをした部下を、そう呼んでからかったという。

こういう逸話を読んでいると、案外、信長が今生きていれば、M―1やR―1に出場したのではないか、とさえ思えてくる。まあ出たとしても、一回戦敗退だろうが。

第20話 信長の聖域破壊

戦国

織田信長は、一向宗《いっこうしゅう》や比叡山延暦寺《ひえいざんえんりゃくじ》と戦った。さらに高野山の末寺を迫害し、高野聖数百人を処刑するなど、宗教に対しては苛烈な態度で挑んだ。

一向宗や比叡山との戦いは、当時の教団の腐敗ぶりとともに語られることが多い。さらに、比叡山や一向宗が強大な武力と財力を持ち、大名や将軍家にたびたび矛を向けていたことにも言及される。比叡山が日蓮宗を攻撃した天文法華《てんぶんほっけ》の乱は、応仁の乱を超える焼亡を京の町に引き起こした。信長は虐殺や焼き討ちという手段でもって、彼らの力を削ぎ落としたという評価もある。

信長が解体したのは、宗教勢力の武力だけだろうか。彼はもっと違うものも破壊したのではないか。そう思うようになったのは、荒木村重《あらきむらしげ》が裏切った時、信長軍が甲山に避難した民たちを問答無用で撫で斬りにした『信長公記』の記事を目にしてからだ。

公記には「百姓等悉甲山へ小屋上り」と記されている。「小屋上り」とはどういうことか。当時は、世俗権力が手出しできない土地や場があちこちにあった。アジール（聖域）という概念で、当時は公界や無縁、楽などと呼ばれていた。

『戦国摂津の下剋上』（中西裕樹著／戎光祥出版）によれば、「小屋上り」とはアジールの一種である山への避難行動とある。現代で喩えると公界などのアジールは、大使館に似ている。大使館の中は治外法権で亡命を希望する者が敷地に入れば、その国の警察権力といえども容易に手出しできない。世俗権力が及ばないアジールが、中世の日本にはたくさんあった。小説家の私の感覚で、ざっくりとアジールを三つに分類してみる。

一、戦争や政争の一方の当事者が窮地に陥って逃げ込む場所。

二、中立地帯。

三、罪や戦乱から弱者が逃れるための場所。

一のアジールの例は、比叡山だ。南北朝の動乱の時、尊氏《たかうじ》に敗れた後醍醐《ごだいご》天皇が避難した。そうかと思えば、後醍醐天皇と敵対した北朝の後光厳《ごこうごん》天皇も匿《かくま》っている。『アジールと国家』（伊藤正敏著／筑摩選書）には〈（比叡山は）後光厳天皇を三度も受け入れた。足利尊氏の駆け込みを受け入れたこともある。そのほか北朝方の武将を受け入れたことも一度や二度ではない〉とある。

敵から逃れるための施設として重宝されていたことがわかる。戦国時代も、朝倉《あさくら》・浅井《あざい》軍が信長軍を前にして比叡山に避難している。

二のアジールの例は、堺だ。宣教師のガスパル・ヴィレラがこう書いている。

〈日本全国当堺より安全なる所なく（中略）敗者も勝者も此町に来往すればみな平和に生活し（中略）敵味方の差別なく、みな大なる愛情と礼儀を以て応対せり〉（『無縁・公界・楽』網野善彦／平凡社）

今でいえば永世中立国スイスのようなものか。

三の例は、高野山や長島一向宗《ながしまいっこうしゅう》などだ。網野氏の前掲書によると
〈戦国期、ここ（高野山）には「遁科屋」（たんくわ屋）が存在した。それはいかな罪科人も、この門の中に足を踏み入れれば、その科を遁れうるという建物といわれ、高野山のアジール的性格を物語る〉

長島一向宗については、公記の記述を見てみる。

〈信長公のご領国で罪科あるとされた者を、よい隠れ家があると保護し召し抱え（後略）〉

この記述から、高野山や長島一向宗が罪人たちの駆け込み先だったとわかる。

長島と至近にあった尾張の貿易港・津島もその性格があったのではないか。というのも、南朝の後《ご》醍醐《だいご》天皇の末裔が津島に流れてきた言い伝えがあり、その時に供奉《ぐぶ》した者たちが四家七苗字と呼ばれる有力商人になった。桶狭間で今川義元を追いつめたひとり、服部一忠《はっとりかずただ》も、四家七苗字の流れを汲む。何より、津島は堺のように町衆たちの自治組織「惣《そう》」を持ち、特定の領主を持たない無主の土地だった。

興味深いことに、織田家はアジールをことごとく迫害している。津島に関しては信長の祖父の信定《のぶさだ》の代にまで遡る。大永四年（一五二四）、織田信定によって焼き討ちにあい、以後、津島は織田家の支配下に入った。公界としての津島を、織田家が崩壊させたのだ。

信長の時代になり、その動きはさらに加速する。

永禄十一年（一五六八）、中立を是とする堺に矢銭を要求し、これを屈服させることに信長は成功。

〈この堺の屈服は、「公界」「無縁」の原理の生命力が衰退の道に入った〉とは、網野氏の前掲書の言葉だ。

元亀元年（一五七〇）、敵対していた朝倉・浅井勢が、アジールである比叡山に逃げ込む。信長は、

比叡山が朝倉・浅井勢に肩入れする行為とみなした。翌年、信長は比叡山焼き討ちを決行。山下の民衆は八王子山に逃げ込むが、信長軍は容赦せず彼らも虐殺した。以降、敗退勢力が逃げ込むアジールとしての比叡山の役割は終わった。

前述のように天正六年（一五七八）、一向宗と同盟した荒木村重との戦いで、小屋上りした民衆を織田軍が虐殺。

天正九年（一五八一）には高野山の末寺である槙尾寺《まきおでら》を織田軍が弾圧。公記には、いずれ高野山にも信長の手が及ぶのでは、と人々が危惧する様子が描写されている。果たして、その四ヶ月後、信長は高野聖数百人を処刑。きっかけは、荒木村重の残党が高野山に逃げ込んだことだ。信長は、身柄の引き渡しを要求。その使者を高野山側が殺害したため、報復としての高野聖の虐殺であった。

アジールは、君主をもたない無主の土地や場が原則だ。天下布武を目指す信長にとって、無主の土地や場があるのは目障りだった。無論、敵や残党を匿うのも許し難い。女子供さえも容赦しない過酷な弾圧は、アジールを壊滅させるためだったのかもしれない。

第21話 ―― なぜ戦国武将は茶の湯に傾倒したのか

戦国

戦国時代は殺伐としていたにもかかわらず、茶の湯が武将たちに愛された。織田信長、豊臣秀吉、斎藤道三ら、人間性に疑問を持たざるをえない残酷な武将たちも魅了している。なぜ、戦国武将は茶の湯に傾倒したのか。ネットでその理由を検索してみると

【理由の1、茶の持つカフェインにやられた】

戦国時代の人々はカフェインを摂取する機会はまれだった。そんな状態で茶を喫したので、カフェインの虜になったというもの。

ただ、疑問もある。戦前生まれの人が初めてコカ・コーラを飲んで感動したという記事を読んだことがあるが、そんな人もコーラ中毒のまま一生を過ごすわけではない。いつかカフェインの魔法は解ける。茶の湯のカフェインもしかりだろう。


【理由の2、精神的な癒やしを求めた】

自分の息子さえ信用できない時代、戦国武将たちは刀を持ち込まずに密室で茶を喫する茶の湯に魅力を感じたという内容だ。理由1のカフェインとの相乗効果も高そうだ。

しかし、逆にいえば刀を持ち込まずに密室で他人がいれた茶を飲むのは、恐ろしくストレスフルだ。

毒を盛られるかもしれないし、身長百八十センチあった当時では超巨人の千利休《せんのりきゅう》と丸腰で対峙するのは恐怖でしかない。

何より、茶の湯は禅宗の修行の延長にある行為だ。様々な決まり事があり、リラックスとは対極にある緊張を楽しむ行事のように思うのだが（私は茶道未経験なので、あくまでイメージではあるが）。

【理由の3、政治利用するのにうってつけだった】

茶の湯の名物を蒐集《しゅうしゅう》したのは織田信長だ。集めるという名目で、無理矢理に商人や町人から買収したりもした。結果、名物といわれる茶道具の値段は高騰して、目利きといわれる千利休らの地位は向上。手柄をあげた武将への褒美に、茶器が使用されることが多くなった。また、武将の弟子を多くとった千利休は、彼らと強い結びつきを持ち、豊臣政権ナンバー2の政治力を手にいれた。

ただ、〝茶の湯が流行っているから政治利用した〟のであって、〝政治利用できるから茶の湯が流行った〟のではないような気がする。

それに政治利用が目的だったならば、江戸時代になっても茶の湯の実力者は政治的影響力を持っていなくてはならないが、残念ながらそんなことはない。

では、どうして戦国武将たちは茶の湯に傾倒したのか。私は一休さんの小説『愚道一休』を執筆した際、臨済宗《りんざいしゅう》（禅宗）の勉強をした。

一休は臨済宗大徳寺《だいとくじ》派の禅僧だった。そして、一休の弟子の村田珠光《むらたじゅこう》が茶の湯を創始した。その孫弟子が、千利休だ。利休は、一休ゆかりの臨済宗の大徳寺を支援した（後に大徳寺の山門上階に自身の木像を安置したことで、秀吉の怒りを買い処刑される）。

先ほども書いたように、茶の湯は禅の修行に位置付けられている。床の間に飾る書は「一期一会」や「日日是好日」など禅の言葉である。

では、禅の視点から茶の湯を理解してみてはどうだろうか。まず、臨済禅とはいかなるものか。最大の特徴は、公案を解くことだ。禅問答とも呼ばれる難解な問題（公案）を解く。

例をあげると

・父母が産まれる前、お前はどんな顔をしていたか答えよ。
・犬には仏性（悟りの素質）があるかと弟子に問われ、師は「無」と答えた。
・隻腕の男が柏手を打ったら、どんな音がするか答えよ。

というもので、中には問題の形をなしていないものもある。ちなみに、これはまだ意味がわかりやすいものを選んだ（隻腕の公案は江戸時代に考案されたもの）。

ひとつの公案《こうあん》を解く（透過という）のに数ヶ月、時には年単位を費やす。

さて、それをすることでどうなるか。公案修行をした人の記録やエッセイを見るに、五感が研ぎ澄まされるようだ。今まで聞こえていない小さな音に気づいたり、なんでもない風景が非常に美しいと気づいたりするとあった。

禅の修行は、五感を研ぎ澄ます。もっと正確にいえば、仏教では心も六番目の感覚器ととらえているので六感を鍛えることができる。

思えば、茶の湯も五感（六感）を駆使した総合芸術だ。茶を通して、擬似的な禅空間をつくることで、五感を刺激することができる。茶器の目利きをすることで視覚や触覚が鋭敏になる。茶を喫することで味覚や嗅覚が研ぎ澄まされる。静かな空間は聴覚を鋭敏にさせるだろう。

じゃあ、茶の湯じゃなく禅の修行の方がいいじゃんとなりそうだが、禅の修行は厳しい。禅病といって、修行のしすぎで心身を病み命を落とす者も少なくない。隻腕の柏手の公案を考案した白隠《はくいん》という有名な禅僧も禅病で苦しんだ。

戦場で死ぬならともかく、禅の修行で死ぬのは武将にとっても割にあわない。そこで、心身の危険を取り除いた茶の湯が重宝されたのではないか。五感が研ぎ澄まされれば、戦場の微細な変化に気づき、相手より先んじることができる。盛られた毒も素早く察知できる。相手の話ぶりで裏切りの兆候も読み取りやすくなる。

そうして見てみると、戦国武将に愛され発展したのは茶の湯だけでないことがわかる。華道や香道もだ。これらも茶の湯と同じく、五感が鈍感だとよいパフォーマンスを発揮できない。

戦国武将たちは生き残るのに必死だった。茶の湯や華道、香道にはまったのは、五感を研ぎ澄まし戦場や政争の場で相手に出し抜かれないための鍛錬の意味があったのではないか。

第22話 ― 禅僧たちの戦国時代

戦国

戦国時代、活躍したのは武士たちだけではない。彼らの教育役や相談役となり、時に戦場で活躍した〝僧侶〟たちがいた。中でも多かったのが、前話で取り上げた臨済宗や曹洞宗《そうとうしゅう》の僧侶――禅僧たちだ。

ここでは戦国時代に活躍した禅僧たちを紹介したい。

禅僧は漢籍《かんせき》に長じている。つまり先進国である明からの書物を読むことができた。その上で室町時代、禅寺での教育はかなり実践に即したものだった。頓知《とんち》で有名な一休さんが、当時の禅寺の様子をこう嘆いている。

「禅録を看《み》ずして軍書を読む」

さらに、当時は禅寺も武装していたことを示す史料がいくつかある。応仁の乱を目前にして、禅僧たちは有事に備えていたのだ。蓄えられた知識は、武士たちにとっては喉から手がでるほど欲しかったであろう。武将たちが禅僧たちにまず求めたのは、子弟たちを立派な武士に育てる教育役だった。

戦国武将と彼らを教育した禅僧の組み合わせを見ていくと

北条早雲《ほうじょうそううん》＝春浦宗熙《しゅんぽそうき》
今川義元《いまがわよしもと》＝太原雪斎《たいげんせっさい》
織田信長＝沢彦宗恩《たくげんそうおん》

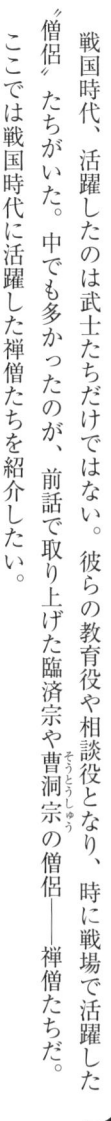

伊達《だて》政宗《まさむね》＝虎哉宗乙《こさいそういつ》
武田信玄＝岐秀元伯《ぎしゅうげんぱく》
上杉謙信＝天室光育《てんしつこういく》

幼い北条早雲（伊勢宗瑞《いせそうずい》）を育てたのは、大徳寺の春浦宗熙だ。先述した一休さんとも深い関わりがある。共に臨済宗大徳寺派で、春浦の師匠の弟弟子が一休にあたる。早雲はもしかしたら、春浦経由で一休と交流があったかもしれない。想像をおおいに刺激されるが、春浦と一休は街中で罵詈雑言《ばりぞうごん》を浴びせ合うほど険悪な仲だったので、早雲少年の一休の好感度も決して高くはなかっただろう。

禅寺で蓄えた知識で、早雲は「東海路に武勇の禅人あり」と称賛されるまでに出世する。晩年になっても大徳寺との縁は切れなかった。春浦の弟子の以天宗清《いてんそうせい》を関東に呼び寄せたのだ。

早雲死後、以天宗清は北条氏の菩提寺《ぼだいじ》・早雲寺の開山となる。北条家は、大徳寺の禅の力を関東支配にも応用しようとしたのだろう。

太原雪斎は今川家家臣の息子だったが、若くして僧籍に入った。駿河《するが》の寺にいる時、幼い今川義元の教育役になり、ふたりは京の建仁寺《けんにんじ》や妙心寺《みょうしんじ》で学ぶことになる。京で一流の学問を身につけた師弟は、駿河に帰り花倉の乱で勝利し、今川家を掌握することになる。雪斎は教育役だけではなく、義元の右腕としても活躍していく。

その今川義元を桶狭間の合戦で敗った織田信長も、禅僧から教育を受けている。沢彦宗恩という人物だ。信長家臣、平手政秀《ひらてまさひで》の妻の親戚だという。

妙心寺派の僧侶で、平手政秀の依頼により若き信長を教育した。政秀の自刃後は、信長が建立した政秀寺の開山になる。

信長が成長してからも、沢彦への信頼が揺らぐことはなかった。信長が三十四歳の時、稲葉山《いなばやま》城を岐阜《ぎふ》城と改名しているが、これは沢彦が名付け親だという。また、信長朱印の〝天下布武〟も彼が考案したもの。信長のキャッチコピーを考える、政策ライター的な立ち位置だったのかもしれない（他にも、明に二度渡海経験のある策彦周良《さくげんしゅうりょう》という禅僧も信長は重用している）。

伊達政宗も虎哉宗乙という禅僧に学んでいる。政宗の渾名の〝独眼竜〟は禅の言葉で〝優れた人〟を表す。あるいは、虎哉宗乙のネーミングによるものかもしれない（中国の隻眼の豪傑の渾名からとったという説もある）。

一方、軍学や勉学、知識はもちろんのこと、精神面での鍛錬や安定を禅僧に求めた例もある。武田信玄と上杉謙信の教育役の禅僧がそうだった。

岐秀元伯は、武田信玄の師匠だ。彼のいた長禅寺《ちょうぜんじ》には、幼時の信玄が遊んだという木馬が今も残る。兵書の勉強以外にも、信玄は禅宗にかなり傾倒していた。禅宗は、公案禅《こうあんぜん》と黙照禅《もくしょうぜん》の二つに大きく分けられる。公案禅は、禅問答とも呼ばれる難解な公案の答えを模索することで悟りに近づく方法だ（看話禅《かんなぜん》とも呼ばれる）。臨済宗などがそうである。一方の黙照禅はひたすら無心で坐禅して悟りを目指す方法で、曹洞宗がそれにあたる。

ちなみに前述の春浦、一休、太原雪斎、沢彦宗恩、虎哉宗乙、そして信玄の師匠・岐秀元伯は公案禅の臨済宗出身だ。

信玄は、公案にも積極的に取り組んでいた。『碧巌録』という公案の問題集全十巻のうち、七巻までを透過した（禅では公案を解くことを〝透過〟という）。『碧巌録』は百則の公案からなるので、単純計算で七十の公案を透過したことになる。公案をひとつ透過するのに数ヶ月かかるなどはざらである。公案と対峙することで、疑団という常識への疑問を生じさせ、無用なこだわりを消し、心技体のパフォーマンスを高いレベルで維持できる。

ちなみに、一休もいくつかの公案を透過したことが記録に残されている。ただ、一休さんは公案にはそれほど真剣に取り組まなかったようだ。一休の公案透過数は、三十程度だという。七十の公案を透過した信玄の方が、禅者としては優秀である。

一方、信玄のライバルの上杉謙信は天室光育という禅僧に師事した。こちらは、黙照禅の曹洞宗である。謙信が七歳から十四歳までの多感な時期に教育役に当たったという。さらに謙信が二十歳をこえてから、天室の弟子の益翁宗謙《やくおうそうけん》と禅問答を行ったと記録にある。謙信も公案に挑んだということであろうか（私が無知なだけで、もしかしたら曹洞宗にも禅問答があるのかもしれない）。

二十七歳の時、家臣の支持を得られなかった謙信は隠居騒動を起こすが、この時も師匠の天室に相談している。謙信の禅僧への信頼は篤かったようだ。

謙信も信玄も世を渡る知識や知恵以上の精神的な強靭さや安定を禅に求めていたのだろう。

第23話 ── 性医、道三

戦国

曲直瀬道三《まなせどうさん》は、戦国時代に名医として名を馳せた。診察した人物は、正親町《おおぎまち》天皇、将軍足利義輝《よしてる》、三《み》好長慶《よしながよし》、毛利元就《もうりもとなり》、細川晴元《はるもと》、松永久秀《まつながひさひで》、織田信長など、当代一流の人物ばかり。

人呼んで「医聖」。

そんな曲直瀬道三だが、実は性の指南もしている。松永久秀に性技の指南書である『黄素妙論《こうそみょうろん》』を贈っているのだ。つまり、彼は「医聖」であり、「性医」でもあるのだ。

道三が久秀に『黄素妙論』を与えたのは、天文二十一年（一五五二）、一月八日、京都郊外のことと奥付に書いてある。

中国の伝説上の人物・黄帝《こうてい》が、素女《そじょ》という神様にセックスのあれこれを質問する形式になっている。

最初の問いは、こうだ。

古代の人が千二百年、八百年も生きているのに、なぜ今の人たちは数十年で寿命がくるのか。そう黄帝に訊かれた素女は、「養生は毎日の飲食と男女交合によって決まる」と答えている。『黄素妙論』はセックスの快楽を追求する書ではなく、長命論としての性技指南書なのだ。〈両情ともに楽しみ、百病たちまち消除する也〉とあるように、男女ともに気持ちよくなってこその長命のセックスを説いている。

気になるのは、セックスにまつわる単語だ。男女の性器のことは、「玉茎《ぎょっけい》」と「玉門《ぎょくもん》」と記されている。クリトリスは「琴弦《きんげん》」、小陰唇は「赤殊《せきしゅ》」、愛液は「津液《しんえき》」や「精汁」、男性の精液は女性と同じ

「精汁」、勃起は「おゆる」と記されている。

　セックスの指南書において大切なのは体位であるようだ。

『黄素妙論』では九つの体位を紹介している。

龍飛勢《りゅうびせい》（八深六浅）
虎歩勢《こぼせい》（五浅六深）
猿搏勢《えんたんせい》（九深五浅）
蟬付勢《ぜんふせい》（七深八浅）
亀騰勢《きとうせい》
鳳翔勢《ほうしょうせい》（九深八浅）
兎吮勢《といんせい》
魚接勢《ぎょせつせい》
鶴交勢《かくこうせい》（九浅一深）

　まるで拳法の必殺技のようだ。それぞれに詳細に体位が記されており、女性が仰向けになる体位が龍飛勢と亀騰勢、女性がうつ伏せになる体位が虎歩勢と蟬付勢、男性が座位になる体位が猿搏勢と鶴交勢、男性が横向きになる体位が鳳翔勢である。

　正常位と思しき龍飛勢の文章を抜粋する。

〈玉茎にて玉門の合わせ目を撫でて、潤うにしたがって静かに玉茎をいれる。（中略）玉茎を動かし八

深六浅の法を行えば、男女ともに楽しみ百病が癒える〉

他にも口を吸えや、赤殊や琴弦を刺激しろ、とまるでAV監督の撮影指示のようだ。

面白いのは、六つの体位で「八深六浅の法」などと書いてあることだ。前述の体位の名前の下に付記した括弧がそれである。

これは深いピストンを八回、浅いピストンを六回する……の意味では決してない。これは呼吸の回数を表している。

「八深六浅の法」は、〈深く挿し入れて八回呼吸し、浅く抜きだして六回呼吸すること〉だそうだ。これをワンピストンの間にやるのだとしたら、ずいぶんと緩慢な動きのような気がするのだが……。

さらにこうも書かれている。

〈女人を満足させるには、あながち深くいれるのがいいわけではない。また、女人は玉茎の大なるを好むものではない〉

なんと嬉しいコメントであることか。

〈その時の興により（中略）美快なること限りなし（中略）前後を忘却し、恥を忘れ（中略）津液多く流れるものなり〉

大切なのは、雰囲気作りだということだ。とてもためになる。

さらに「淫情十動之候」という教えは、女性がセックスする気になった時の兆候を指南している。ここまでいくと、バブル期にあったデートマニュアル本と変わらないような気がする。まあ、いつの時代も異性といい仲になるための秘訣には需要があったということだろう。

「淫情十動之候」を見てみると、「男が寝ている時に女が玉茎を握り、ひそかに玉門に近づけていると、女が欲情を催しているサイン」や「女が足の指で玉茎を挟んできたら……」などと、どうみても女の方から誘っているとしか思えないケースが書かれている。こんなことをされても気づかないのは、男としてあまりに鈍感すぎないか。

とはいえ、一貫するのは乱暴なセックスはするな、ということだ。男尊女卑の傾向が強い当時にしては、女性の体を気遣う内容が多いことに驚いた。

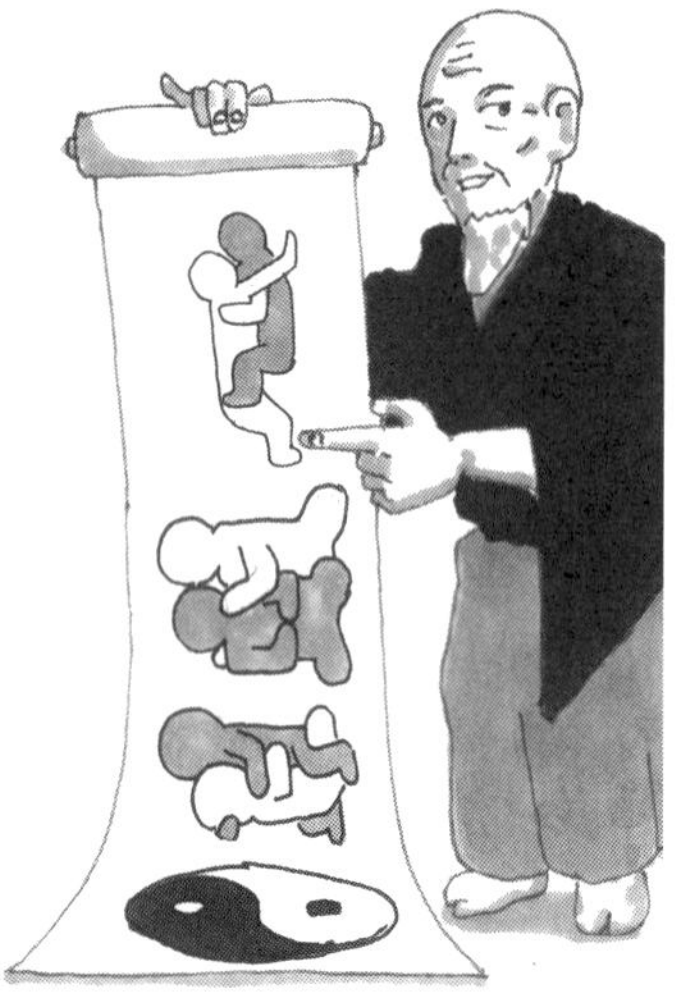

が、九つの体位の中で、ひとつけしからんものを見つけてしまった。

魚接勢という体位だ。

「二女を用いる法なり」とあり、今風にいえば〝3P〟である。なんとハレンチなる体位であることか。これはけしからんということで、詳細を書く。

まず、胸をあわせるようにしてふたりの女を寝かせ、男はふたりの玉門を眺め観察する。興奮してきたら、まず下の女とセックスする。すると〈上の玉門、うらやみをおこし、津液はなはだ流れる〉という状態になるとか。

本当であろうか。

まだ記載は続くが、これ以上はウブな私には書けないのでご勘弁を。（この原稿は山崎光夫氏の『戦国武将の養生訓』（新潮社）から取り上げた。興味のある方は、御一読のほどを）ちなみに魚接勢の最後にはこうある。

〈この法（中略）一切の病を退くる〉

3Pに、そんな効果があろうとは初耳である。

ちなみに曲直瀬道三は、八十八歳という当時では驚異的な長寿を保った。きっと、健全なるセックスと3Pのおかげであろう。

私もあやかりたいものだ。

第24話 成り上がれ草履取り

戦国

草履取りから天下人に成り上がった豊臣秀吉は、多くの伝説に彩られている。

秀吉の出自が低かったのは確かなようだ。

秀吉の軍師竹中半兵衛《たけなかはんべえ》の子が書いた『豊鑑』では、秀吉のことを「あやかしの民の子なれば、父母の名も誰かは知らむ」と表現している。さらに「一族も同様まったくわからない」とある。

秀吉の周辺も身分は高くなかった。『祖父物語』という史料がある。尾張《おわり》の住人が書いたもので、彼の祖父がリアルタイムに見聞した秀吉の事績などを記したものだ。秀吉の姉が嫁いだ弥助《やすけ》（豊臣秀次の実父）は、綱差《つなさし》といって鷹匠《たかじょう》の配下だった。序列的には、鷹匠の下の狩猟場管理の鳥見という役のさらに下が綱差だ。やはり身分は高くない。

同書には秀吉に叔父がいたとあるが、その者は焙烙《ほうらく》売りといって土鍋を売っていたそうだ。

妻の寧々《ねね》の実家も同様だ。寧々の父は杉原家に養子に入ったらしいが、その杉原家は連雀《れんじゃく》商いを営んでいた。簡単にいうと行商人だが、見下されることも度々の職業だった。

秀吉が結婚する時、寧々の実家が大反対したという。

〈秀吉公の卑賤を嫌ひたまひて、御婚姻をゆるし給はさりしに〉

身分が高くない寧々の家が結婚を躊躇するほど、秀吉は身分が低かった。

そんな秀吉は若くして放浪する。秀吉自身が朱印状に「若輩の時、孤となりて」と記している。一六〇〇年代に成立した『太閤素生記』では、針売りをしながら旅したとある。相当に厳しい生活を強いられたようだ。ルイス・フロイスは〈山で薪を刈り、古い筵以外身を覆うものがなかったと（秀吉が）述懐した〉と書いている。また、安国寺恵瓊《あんこくじえけい》も〈乞食をも仕り候〉と記している。

そんな秀吉は、駿河《するが》の今川家を目指す。今川家の重臣の飯田豊前守《いいだぶぜんのかみ》の前で猿の物真似をして気に入られ、その縁で松下加兵衛《まつしたかへえ》のもとにつく。秀吉は松下には感謝していたようだ。秀吉が最初に名乗った木下は、松下にあやかったという説がある。松下から公を抜き、木下としたのだ。織田家重臣の柴田・丹羽からもらった羽柴、天皇から下賜された豊臣など、姓を創作することで秀吉は出世していく。

ちなみに、諱《いみな》（実名）の秀吉は鎌倉期の豪傑・朝比奈義秀《あさひなよしひで》からとったと『武家事紀』にある。

〈義秀の字を下上せしめ秀吉（義）と諱す〉

名前の創作方法が、木下・羽柴とよく似ているから案外、真実なのかもしれない。

松下には恩義を感じていたようで、出世してから松下加兵衛を取り立てている。秀吉は恩讐には律儀に報いるタイプだ。焙烙売りの叔父には過去に援助を断られた恨みを忘れず報復し、逆に苦境を助けた秀吉の姉婿の弥助や寧々の母の実家の杉原家は引き立てている。

そんな恩義がある松下家を、秀吉はなぜか出奔した。尾張の織田家に仕えたのだ。この時、薪奉行として一千石の節約をして信長の目に留まった。そして、とんとん拍子で出世していく。

秀吉存命中の文禄三年（一五九四）に来日したアビラ・ヒロンは、秀吉の若き頃の様子を、薪集めの仕事に従事し、同僚の薪の消費量が多すぎることを指摘し、それがきっかけで出世したと記している。ドラマチックな働きぶりで、小身の秀吉が出世したのは事実のようだ。では、有名な草履取りのエピソードはどうか。寒い冬の日、秀吉は信長の草履を腹中で温め、出世の足がかりとした。これは本当だろうか。

このエピソードの初出は、寛政九年（一七九七）の『絵本太閤記』だという。秀吉死後約二百年たってからなので、創作の疑いが濃い。秀吉は信長の草履取りではなかったとする方がいいだろう。

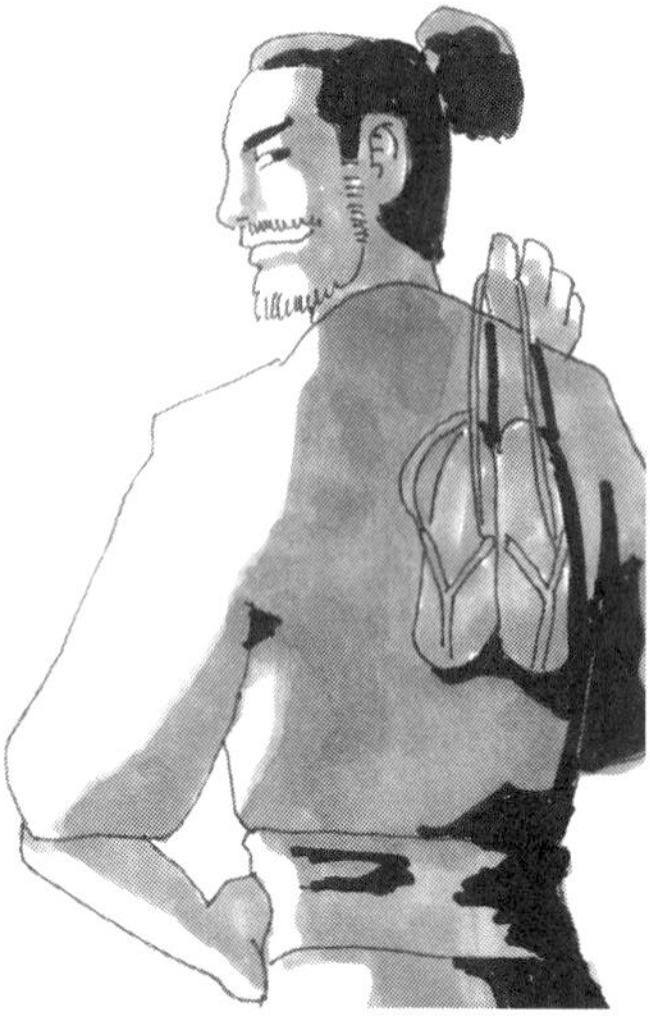

では、草履取りから出世した武将は他にいなかったのか。

実は、ひとりいる。名前を、吉田次兵衛《よしだじへえ》という。なんと、秀吉のライバルの柴田勝家《しばたかついえ》の草履取りだ。

『武家事紀』の記述を見てみよう。

〈吉田は元勝家草履取りより取り立てられる。度々戦功を以って勝家家臣の随一たり〉

あの猛将勝家に一目も二目も置かれる武将だった。保守的なイメージのある勝家に認められるのだから、相当な技量だったのだろう。草履取りから武将へと転じたきっかけを知りたいが、残念ながら書いていない。だが、転じる時、勝家は吉田次兵衛にかなりの好待遇を約束した。

〈勝家小身の時より（吉田の禄は）十分の一を与うべしと云うことを約してければ、越前《えちぜん》七十五万石を領する時、七万五千石を与う〉

勝家から必ず十分の一の禄を支給すると約束され、最終的には七万五千石の身分になったのだ。

同様のことを秀吉もしており、七千石の身分になった時、寧々の母の実家の杉原家当主の定次に十分の一の七百石を支給し、将来も必ず十分の一の禄を支給すると約束したという。

ちなみに杉原の最終的な石高は約三万石なので、秀吉の約束不履行ということになるが……。

吉田次兵衛に話を戻す。勝家の元草履取りはその姉をめとり、後に柴田勝豊《かつとよ》が生まれる（勝家の姉の子を養子にしたという説もある）。この勝豊は賤ケ岳《しずがたけ》の合戦の直前、長浜城を守っていたが秀吉に投降することになる。草履取りの子ゆえに、身分の低い秀吉にシンパシーを感じていたのかもしれない。

さて、父の吉田次兵衛はどうしたか。実はその前に引退していた。天正四年（一五七六）のことと思われる。

〈吉田、軍事に倦み、禄を返し金銀をもらい、老後の休息を乞う。（中略）その身は隠居放言す〉

放言す、というところからも豪快な余生を送ったようだ。晩節に悔いを残した秀吉よりも、豊かな後半生を送ったやもしれない。

第25話　秀吉の姉の一族

戦国

豊臣秀吉の一族は色々と謎が多い。秀吉には、実姉の智、異父弟の豊臣秀長《ひでなが》、異父妹である旭《あさひ》がいた。

豊臣秀長と旭は、秀吉とは父がちがうというのが通説である。が、秀吉の実父の弥右衛門《やえもん》は天文十二年（一五四三）一月二日の没。一方の豊臣秀長の生誕は天文九年で、これが正しければ秀長は秀吉の実弟ということになる。妹の旭も天文十二年の生まれで、これも父親が弥右衛門と考えるのが妥当だろう。秀吉を実父不明とする史料もあり、あるいは四人のきょうだいはフリーセックスの果てに生まれた子供たちではないかとさえ妄想してしまう。

さて、秀吉三きょうだいの中で、最も奇妙な運命をたどったのが長女の智《とも》である。生まれは天文三年で、秀吉よりも三歳年長（秀吉の生年は諸説あり）。

智の夫は、弥助という名前で素性がよくわからない。一説には三輪という姓を名乗っていたらしい。秀吉自身も姓のない階層の出身説があるので、同じように苗字のない階層の出身だったのかもしれない。

奇妙なのは智の出産歴である。

長男は、後の豊臣秀次《ひでつぐ》だ。生まれたのは永禄十一年（一五六八）、織田信長が将軍足利義昭《よしあき》を擁し上洛した年である。智は、数えで三十五歳。当時としてはかなりの高齢出産だ。

橋場日月氏の『明智光秀　残虐と謀略』（祥伝社）では、女性の閉経時期は平安時代が二十代、江戸時代が三十代と書いてある。女性の大厄とされる三十三歳がひとつの目安では、とも。

そう考えると、智の初産の三十五歳はかなり高齢だ。なぜ、智は三十五歳まで子宝に恵まれなかったのか。智の結婚時期が遅かったのかもしれないと想像してみる。が、第一子が生まれた時、すでに秀吉は信長上洛時の箕作《みつくり》城攻めの主要な大将のひとりに数えられている。縁故の少ない秀吉にとっては、姉の智は貴重な政略結婚の手駒だ。弥助のような素性の確かでない男に嫁がせるメリットがない。

そう考えると、秀吉の身分の低い時期に智は弥助と結婚したと考えられる。遅くても二十代の半ばに結婚したと思うのだが、なぜ三十五歳まで子がいなかったのだろうか。生まれたが早死になどした可能性もあるが……。

さらに智の高齢出産は続く。永禄十二年に、後の豊臣秀勝が誕生。智は数えで三十六歳。十年のブランクが空いて、天正七年（一五七九）には末子の豊臣秀保《ひでやす》が生まれた。

この時、智の年齢は数えで四十六歳。

戦国時代、多産で知られたのが十一人の子をもうけた前田利家《まえだとしいえ》の正妻のまつだ。彼女の末子の出産時の年齢は数えで三十三歳。

伊達政宗《だてまさむね》の祖母の久保姫も多産だったが、数え三十三歳で後の国分盛重《こくぶもりしげ》を生み、年時不詳だがその後に末子の杉目直宗を生んでいる。

これらの例を見ていると、女性の大厄の時期前後に閉経がきたように読み取れる。

若い頃に弥助との間に子が恵まれずに、大厄をすぎてからどうして立て続けに出産できたのかは謎である。

とはいえ、智が産んだ三人の男児は秀吉にとっては貴重だ。自然、三人の子は秀吉の出世の切り札となる。

長男の豊臣秀次は、まずは北近江《おうみ》の豪族宮部継潤《みやべけいじゅん》の養子となり、次に阿波《あわ》の実力者三好康長《みよしやすなが》の養子となる。ふたりの養父は、いずれも信長に敵対した勢力。彼らを自陣営に引き入れるための人質だ。

そして秀次の三番目の養父が叔父の秀吉である。秀次は跡を継ぎ関白となった。

次男の豊臣秀勝も、いち早く秀吉の養子となった。が器量はよくなかった。天正十七年、与えられた領地が少ないと秀吉にクレームをつけて改易される不祥事を起こす。かなりの馬鹿殿だったようだ。

とはいえ、秀吉にとっては大事な一門衆。罪を許し甲斐《かい》国に所領を与えたが、ここで再びクレームがつく。今回は秀勝ではない。生母である智からだ。その理由が驚くべきもので、甲斐国が智の住む京都から遠いので、もっと近くの領地を与えろというもの。モンスターペアレントのような無茶苦茶な要求だ。

が、秀吉は願いを聞き入れ、秀勝を岐阜城へと移封。さすがの秀吉も姉には頭が上がらなかったのか。

末子の豊臣秀保は、伯父の豊臣秀長の養子となり大和《やまと》国の領主となった。

が、彼ら三人の運命は急転する。文禄元年（一五九二）に馬鹿殿の次男の豊臣秀勝が朝鮮で病死。さらに、文禄二年に秀吉と淀君《よどぎみ》の間に豊臣秀頼《ひでより》が生まれる。

この二年後、三男の豊臣秀保は十七歳で変死。秀吉毒殺説もある。その三ヶ月後には、関白の豊臣秀次が高野山で自刃。秀頼に関白を継がせる野望の前には、姉の智の力も及ばなかったようだ。

子を失った智だが、なんと寛永二年（一六二五）まで生き延びる。九十二歳の長寿であった。子を失った悲しみか、晩年は日蓮宗に傾倒し、京都の地に法華道場などを建立している。

ちなみに、智の次男の豊臣秀勝は淀君の妹の江《ごう》と婚姻し、完子《さだこ》という女児をもうけた。彼女もまた数奇な運命をたどった。父の秀勝死後に、生母の江が徳川秀忠《ひでただ》の正妻となったこともあり、完子は公家の九条幸家《くじょうゆきいえ》に嫁ぐ。

その四年後の慶長十三年（一六〇八）に、幸家は関白に就任。完子は北政所《きたのまんどころ》（関白正妻の意味）と呼ばれる。さらに夫が関白職を辞し、産んだ嫡男が摂政《せっしょう》に就任。幸家・完子夫妻は太閤《たいこう》、大政所《おおまんどころ》（摂政関白の生母の意味）と呼ばれ尊敬を集めたという。

太閤秀吉に弄ばれた感のある智の血筋だが、孫娘完子はその夫が太閤となり、後にその血筋を皇室へと伝えた。

秀吉の母である仲は日輪が腹へ宿る夢を見たというが、それは智の血筋の将来を予言していたのかもしれない。

第26話　家康の女性人材活用術

戦国

織田信長、豊臣秀吉、徳川家康の三英傑の中で、女性を人材として最も活用したのが家康だ。家康のことを語る前に、他の二英傑に言及しておく。

織田信長は、女性に優しい男だったようだ。「そなたほどの女性を、二度と秀吉は見つけられないだろう」と、秀吉の妻の寧々《ねね》に送った手紙などが残っている。

だが、不思議なほど信長の正室や側室は存在感がない。斎藤道三の娘の帰蝶《きちょう》が正室だが、信長が美濃《みの》を占領した後の茶器の名物狩りですこし名前が出る程度だ。

思うに、信長は男尊女卑の気質があったのではないか。女性が政治に口を出すなどもってのほか、という考えだ。ただ彼はマッチョイズムな男尊女卑なので、女性には優しかった。本能寺の変でも、「女たちは先に逃げろ」といった。女などは最初から戦力と考えていない。弱い存在として見ているが、逆に守ってやらねばというマッチョイズムも持っていた。

秀吉はどうか。彼の妻の寧々の賢妻ぶりは有名だ。が、これは例外で、それ以外に秀吉が女性を政権スタッフとして活用した逸話は聞かない。寧々以外の側室に秀吉が求めたのは、トロフィーワイフの役割だ。出世した自分がいかにいい女を抱いているかを誇示するための道具にしかすぎない。だから、北条家討伐や朝鮮遠征の名護屋の本陣に側室たちを呼び寄せたりしている。

身分が低い時に秀吉が寧々と出会えたのは、両者にとってとても幸運な出来事だったのかもしれない。

さて、家康である。

女性を天下取りの戦略スタッフとして活用することにかけては、三英傑の中ではダントツであった。家康は、才能ある側室に恵まれていた。側室の数で三英傑に大きな差があるとは思えないので、より正確な言葉を使うと、家康は女性の才能を見つけだし、それを活用することが巧みだった。

家康に才能を認められた側室が、阿茶局《あちゃのつぼね》だ。

『幕府祚胤伝』には「御隠密の御用向き、奥より執政へ伝達を蒙る」と書かれている。国家機密に相当する案件に、彼女が関わっていたことがわかる。合戦にも度々同行したという。

手腕が存分に発揮されたのは、大坂の陣の前後だ。方広寺《ほうこうじ》の鐘銘《しょうめい》事件で釈明に来た大坂方の使者と会見し、冬の陣の時は家康の本陣である茶臼山《ちゃうすやま》に供奉した。冬の陣の和睦調停でも存在感を発揮した。腕利きの外交官を思わせる働きぶりである。

阿茶局のように、家康の戦陣に供奉した側室は多い。その中のひとり、於梶《おかじ》も優秀な女性だった。彼女は十三歳で四十九歳の家康の側室となったが、あまりにも幼かったためか別の家臣のもとに縁付くことになった。

しかし、於梶はそれに納得できなかったのか、一ヶ月後には家康の側室の座を取り戻した。相当勝気な性格だったようだ。

気性だけでなく、知恵にも秀でていた。家康から美味な食材は何かと問われた時に、塩だと答えた。では反対に不味い食材は、と訊かれると同じく塩と答えた。適量であれば塩は他の食材の味を引き立てるが過ぎると味を損なう、という意味で家康は「男ならば大将にしたものを」と惜しんだという。

そんな彼女も大坂の陣のおり、家康に供奉した。男装して甲冑に身を包み騎馬にのって家康のそばにあった。先の阿茶局が外交官ならば、於梶は戦術スタッフとして参陣させたのかもしれない。

戦場に供奉した側室は、他にも朝鮮遠征の本陣の名護屋につれてきた於牟須《おむす》、冬の陣に供奉し夏の陣では伏見の留守居役についた於奈津《おなつ》、冬の陣に供奉した於六《おろく》などがいる。

彼女たち全てが家康側近として働いたとは思わないが、女子だからといって安全地帯に避難させるという考えを家康はもっていなかった。

戦場に出たという記録はないが、松平忠輝《まつだいらただてる》を産んだ茶阿局《ちゃあのつぼね》も聡明だったと伝わっている（前述の阿茶局と名前が似ていてややこしい）。

また、側室ではないが、明智光秀《あけちみつひで》の腹心の娘である春日局《かすがのつぼね》の助言により、家光を三代将軍にすると家康が決心した逸話もある。

家康は女性の助言に真摯に耳を傾けるタイプだった。そういう意味では、徳川家はガラスの天井が他家よりも薄く突き破りやすかった。

ただし、家康の女性平等の精神には悪しき面もあった。徹底した結果至上主義の家康は、女性だからといって甘くはない。外交官として活躍した阿茶局は、合戦でもたびたび家康のそばにいた。秀吉と戦

った小牧《こまき》・長久手《ながくて》の戦いの時もそうだ。

在陣中、彼女は家康の子を身籠っていた。普通ならば産休に入るところだが、家康はそうはしない。そのまま危険な戦陣に滞在させ、とうとう阿茶局は流産してしまう。

流産までの経緯はわからないが、身重の女性を戦場に置き続けるのは、尋常な神経ではない。男尊女卑ながらも女性には優しい信長ならば、間違いなくそんなことはしなかったろう。家康の徹底した結果至上主義ゆえだ。

小牧・長久手の際には、すでに家康は男児が何人かいた。家康が阿茶局に欲したのは後継者を産むことではなく、秀吉に対抗する策を考えることだった。そのために、阿茶局は身重の体を戦場にさらさなければならなかった。皮肉なことに、阿茶局はその後、子を産むことはなかった。

ガラスの天井こそ薄かった家康政権だが、女性にのしかかる責務はあるいは男性以上だったのかもしれない。

第27話 ― 大久保長安の遺産

戦国 江戸

大久保長安《おおくぼながやす》は、徳川家康の腹心で〝日本国の総代官〟〝日本一のおごりもの〟とまでいわれた人物だ。天文十四年（一五四五）の生まれで、父は武田家に仕える猿楽師《さるがくし》だった。金春流《こんぱるりゅう》の一派で大蔵太夫という。

武田信玄からその才能を買われた長安は、武士となり代官や奉行職を務めたようだ。当時の姓名は土屋十兵衛という。

武田家滅亡後に長安は家康家臣の大久保忠隣《ただちか》の与力となり、その姓をもらい大久保長安と名乗る。一説には、家康を桑木の風呂で接待することで、その心にかなったという。歓心の買い方に、猿楽師の遺伝子が垣間見える。

以後は、家康の配下で吏僚として活躍する。豊臣秀吉にとっての石田三成のようなポジションだ。その業績は凄まじい。一番わかりやすいのは、鉱山開発だ。石見《いわみ》の大森銀山の一年数百貫だった生産量を四、五千貫と約十倍に増産させた。佐渡《さど》の鉱山も銀だけで一万貫を産出するようになった。伊豆《いず》の銀山の増産も成功。

これにより、徳川家は大量の金銀を手にいれた。そうして取り組んだのが、貨幣の鋳造だ。金貨や銀貨の鋳造は豪商の後藤庄三郎が担ったが、その原資となる金銀を生み出したのが大久保長安だった。

〈諸山に黄金・白銀・銅鉄出ル事、往時ニ百倍ス〉

とまでいわれ、京に坑夫募集の高札をたてると、全国から金掘衆が雲霞《うんか》した。まさにゴールドラッシュである。

他にも、角倉了以《すみのくらりょうい》を使っての富士川や保津川《ほづがわ》の掘削事業。これが後に、大坂と京を結ぶ高瀬川掘削にもつながり、上方経済の大動脈へと成長する。

さらに東海道や中山道に一里塚を配備し、伝馬制《てんませい》をしいて水陸の交通インフラを整えた。衰退していた美濃《みの》の鵜飼《うかい》の保護、大和《やまと》の奈良晒《ならさらし》の専売など、今に残る観光資源や特産品の隆盛にも深く関わっている。

長安は江戸幕府の防衛計画にも少なくない影響を与えた。彼の領地は武蔵《むさし》国の八王子にあった。江戸の西にあり、幕府が攻められた際は、最後の砦ともいうべき最重要拠点だ。ここに武田家の遺臣を旗本として配備し、同心《どうしん》五百人を支配させていた。さらに長安の提案で、同心の数を五百人から千人にも倍増した。

兵農分離《へいのうぶんり》が進む世とは逆行して、八王子では武士も田畑を耕した。幕府からの禄と農地収入のおかげでかなり裕福だったという。そんな彼らは、関ヶ原や大坂の両陣に参戦し、太平の世にあっては日光東照宮の警備などを任された。いわゆる八王子千人同心である。

鉱山開発、伝馬制、一里塚、河川の掘削、八王子千人同心を手がけた大久保長安は、日本国というハードウェアを設計したといっていい。そこに江戸幕府というソフトウェアをインストールしていったのが、家康・秀忠《ひでただ》・家光《いえみつ》らの歴代将軍、天海《てんかい》・崇伝《すうでん》・林羅山《はやしらざん》らの幕府ブレーンたちだ。

さて、こうして大きな権力と莫大な金銀を生み出した長安の生活は豪奢を極めた。経営する鉱山などに赴く時は、美女二十人に猿楽師三十人を引き連れて、各宿駅で乱舞酒宴の会を催したという。〃日本一のおごりもの〃と呼ばれる由縁である。

さらに縁戚を蜘蛛の糸のように張り巡らせて、大派閥を作り上げる。家康の六男の松平忠輝《まつだいらただてる》の付家老となり、伊達政宗《だてまさむね》の娘との縁談を結ぶなど容易ならざる勢力となる。

長安と対立していたのが、家康の謀臣である本多《ほんだ》正信《まさのぶ》・正純《まさずみ》親子だったといわれている。

そして、長安は慶長十八年(一六一三)四月二十五日に病没する。中風の病だったという。没したのは領地のある八王子だ。

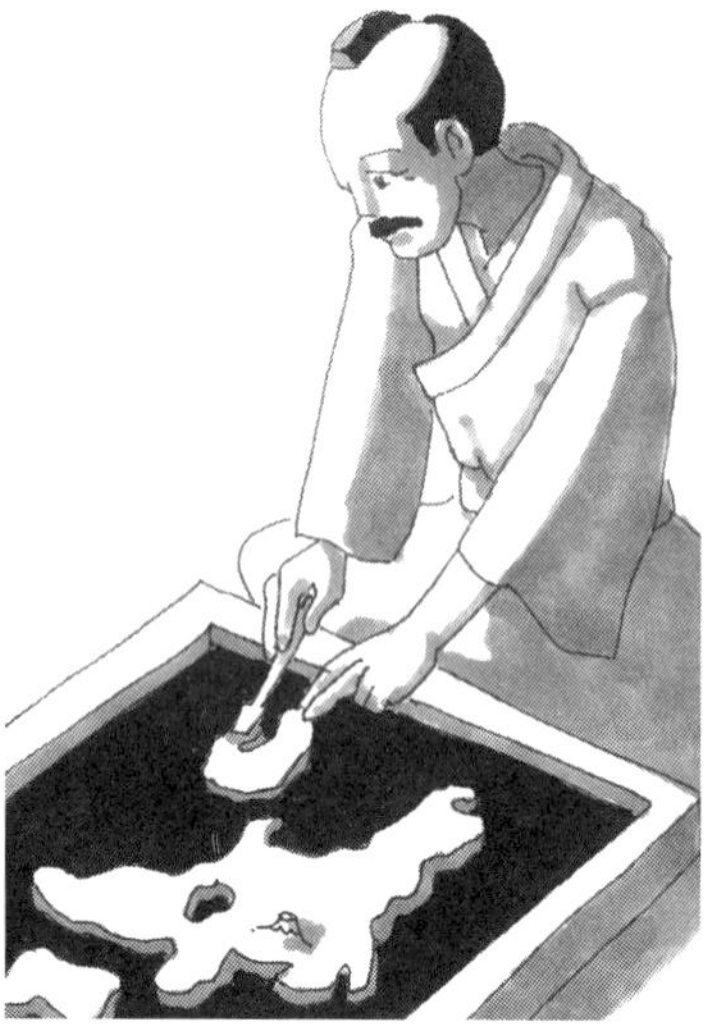

ここから、長安派の大粛清がはじまる。

まず、長安が不正蓄財をしていたことが露見する。墓が暴かれて長安の骸が磔にされただけでなく、七人の遺児も処刑されたというからむごい。そして、次々と派閥の大名たちが改易されていく。石川、服部、成瀬、山口、青山、里見、森川、富田、佐野、高橋らだ。さらには長安の寄親で、家康家臣最重鎮とまでいわれた大久保忠隣も改易に追い込まれた。大坂の陣の後には、家康の六男の松平忠輝も改易されているから、これも長安事件の余波かもしれない。

これだけの事件になったせいか、様々な雑説や憶測が飛んだ。長安は実はポルトガルなどのキリシタン勢力と結び、幕府を転覆させるつもりだった。武田信玄の末子は盲目のため処刑を免れ生きながらえており、実は長安はその子供で、密かに武田菱の旗や毒酒を庫中に潜ませていた等々。

小説家としては魅力的な話だが、どれも信憑性は低そうだ。

さて、長安の一族は徳川家によって粛清された。しかし、長安のつくった日本国というハードウェアは残った。江戸二百六十有余年の間、大きな瑕疵がなかったのは長安の功績かもしれない。

幕末になって、長安の作ったハードウェアが起動する。

八王子千人同心のいる多摩郡では尚武《しょうぶ》と佐幕《さばく》の気風が醸成され、近藤勇《こんどういさみ》、土方歳三《ひじかたとしぞう》らが新撰組《しんせんぐみ》を結成したのだ。六番隊隊長の井上源三郎《いのうえげんざぶろう》は、千人同心の家柄である。また、他の千人同心は長州《ちょうしゅう》征伐に参加したり、幕府崩壊後も彰義隊《しょうぎたい》に参加したりするなど長安が与えた幕府守護の役目に殉じようとした。

皮肉だったのは、ハードウェアよりも先に江戸幕府というソフトウェアが崩壊したことだ。

千人同心の血をひく井上源三郎が鳥羽・伏見の戦いで戦死した翌日、大兵力を持ちながらも徳川慶喜は大坂城を捨て逃亡する。

冥府の長安は、どんな感慨とともに幕府の終焉を見つめていただろうか。

第28話　最強のくじ引き軍団・島津家

戦国

中世、日本ではくじ引きは神聖な行為と考えられていた。第13話で紹介したように、籤引きによって何度か重要な決定を下した例がある。

また、くじを複数回引くことも珍しくなかった。くじには神慮――神の意思が宿ると考えられており、複数回くじを引くことで神慮が確実になると信じられていた。

合戦で作戦を決定する時、くじを活用することもあった。豊臣秀吉の文禄《ぶんろく》・慶長《けいちょう》の役では、先陣を加藤清正《かとうきよまさ》と小西行長《こにしゆきなが》のどちらにするか、くじ引きで決定された。

なかでもくじを多用したのが薩摩《さつま》国の島津家だ。武田家や上杉家とならび戦国最強とも称される島津家が、神頼みに依存するのはなんとも不思議である。

島津家において、くじ引きで戦略戦術が決定された様子を見てみよう。

天正四年（一五七六）、島津家は日向《ひゅうが》国の伊東家と戦っていた。その四年前の合戦で伊東家に痛打を与えていた島津家は、家臣たちの談合（会議）によって出陣を決定。攻撃する拠点の選定にくじを使用し、結果、高原城攻めが決まった。伊東家にとって予想外の攻めだったようで、七日ほどで落城している。くじの結果が、奇しくも敵の予想を裏切ることになったのだ。

ただ、島津家も闇雲にくじを引いていたわけではない。島津家では年始に談合が行われ、一年の戦略を策定していた。当主が議題を提示し、それを集まった家臣だけで話し合う。結果を知らされた当主が了承や再検討などを指示する。了承した戦略案に軍事行動が伴う時は、攻撃目標や進撃路をくじで決定する。ここで重要なのは、家臣たちの間でしっかり談合をした上で、くじ引きをしていることだ。戦略担当は家臣、承認担当は当主、戦術担当は神（籤）。当主、家臣、神（くじ）の三者で意思決定を分担する珍しいシステムだ。

が、三者の中では、神（くじ）の持つ影響力が強かったようだ。天正十一年、島津家の家臣たちが当主の義久《よしひさ》に無断で肥後《ひご》国阿蘇《あそ》の堅志田《かたしだ》城を攻めたことがある。支配するのは、阿蘇大宮司家《だいぐうじけ》の阿蘇家だ。神官ながら戦国大名化した勢力である。

無断で攻めたので、当然のごとく当主の島津義久は激怒する（しかも、阿蘇家と島津家は和睦中だった）。

しかし、家臣たちを諭す手紙の文面には「くじも引かずに軽はずみに阿蘇家と手切れしたのは大問題だ」とあり、和睦を破ったことよりもくじ引きなしでの開戦を叱責しているようにも読める。くじさえちゃんと引いていれば、家臣たちの勝手な軍事行動も許容してしまいそうな文脈だ。

また、義久の後継者もくじ引きで決定されたと書く史料もある。義久の甥の島津忠恒《ただつね》（猛将で有名な島津義弘《よしひろ》の息子）と義久の孫の島津久信《ひさのぶ》のどちらに家督を譲るかを決めかねた義久は、大隅正八幡宮《おおすみしょうはちまんぐう》でくじを引いて、その結果、甥の忠恒を養子にしたという。

後に、忠恒は薩摩藩の初代藩主となる。

島津家において神慮の影響力は強く、くじ引きによって戦略が二転三転することもあった。

天正十四年（一五八六）一月、島津家は談合を行い大友家の本拠地・豊後《ぶんご》国攻めを決定する。そうなると戦術は、神頼みのくじで決められる。侵攻路は、日向方面、肥後方面の二つがあったが、くじの結果、両方面からの侵攻となった。

しかし、当主の義久らは大友家を攻めるならば、本拠地の豊後国ではなく、その重臣の立花宗茂《たちばなむねしげ》らが守る筑前《ちくぜん》国に攻めるべきだと考えていた。遠征を延期するなどして、豊後国侵攻中止を画策する。

これに業を煮やしたのが、猛将の島津義弘だ。彼は、今宮社からのお告げがあったと兄の義久に報告する。

その内容は――

「神々は島津家の豊後入りを待ち望んでいるので、七月までに攻めろ」

神慮によって島津家の意志を統一しようとしたのだが、作為の匂いがぷんぷんとする。きっと、義弘の工作によるお告げであろう。

反対派の義久も黙っていない。霧島社に部下を派遣しくじを引かせて、筑前国攻めという神慮をゲットした。

これによって豊後国攻めの方針は破棄され、筑前国に島津家は侵攻した。が、立花宗茂らの頑強な抵抗、そして豊臣秀吉の援軍が到着したことで、遠征は失敗に終わってしまう。

そして、八月から九月にかけてまた談合が開かれた。会議は紛糾し、くじによって方針を決定することに。結果は、豊後国への侵攻となった。

当初の計画通り、肥後と日向の二方向から侵攻し、日向方面では戸次川の戦いで豊臣家の大軍に勝利する。一方で、肥後から攻めた猛将・義弘は苦戦し、くじによって攻撃目標を何度も変更するも戦果を上げられなかった。そうしているうちに豊臣秀吉が出馬し、島津軍はあえなく撤退。日向国で行われた根白坂の戦いで大敗し、降伏してしまう。

結果、島津家は、日向国や肥後国などの封土を失うことになった。

かといって、その後も神慮を蔑ろにすることはなかった。文禄・慶長の役では、猛将の義弘が指揮をとっていた。泗川《しせん》の戦いでは寡兵ながら明・朝鮮の大軍を破る大活躍を見せるのだが、この時、白狐と赤狐が敵陣へと向かったのを吉兆ととり突撃したのが、勝利につながったという。島津家は稲荷社を篤く信奉しており、その信心が神の使いの狐を遣わしたと判断したのだ。

島津家はくじや神託に戦略を左右される致命的な欠点を抱えこんでいたが、その一方で神慮を信じることで常人離れした強さを得ることもできた。

島津家にとってくじ引きは、諸刃の剣であったようだ。

第29話 ―― 佐々木小次郎の謎

江戸

宮本武蔵と巌流島《がんりゅうじま》の決闘をした佐々木小次郎は謎が多い。

まず、名前がわからない。

最初に彼のことを記したのは『小倉碑文』だ。武蔵の養子の宮本《みやもと》伊織《いおり》が、武蔵を顕彰するために巌流島（当時の名は舟島）の対岸にある手向山《たむけやま》に石碑を建てた。承応三年（一六五四）、武蔵の死から九年後のことだ。この時は「兵術達人名岩流」とあり、佐々木小次郎とは出てこない。

次に出てくるのが寛文十二年（一六七二）の『沼田家記』という史料だ。ここでやっと「小次郎」という名前が出てきた。武蔵の死から二十七年たっている。

〈小次郎と申す者、岩流という兵法を仕り〉とある。『沼田家記』は門司《もじ》城を守っていた沼田《ぬまた》延元《のぶもと》と延之の二代の事績を伝記として書いたもので、脚色などは少ないと言われている。

佐々木という姓が登場するのは、歌舞伎である。元文二年（一七三七）の『敵討巌流島』において、佐々木巌流という名前が登場する。武蔵役の名は月本《つきもと》武者之助《むしゃのすけ》だ。当時は歴史事実を芝居などにする場合、偽名を使うのがルールだ。つまり、佐々木という姓は創作の名前である。ちなみに武蔵の死から九十二年が経過している。

歌舞伎の影響は大きかったようで、安永五年（一七七六）の『二天記』において、とうとう佐々木小次郎という名前が登場した。『二天記』は武蔵が創始した二天一流《にてんいちりゅう》の師範が著した史料だ。武蔵の死から百三十一年もたっている。

これを見ても、巌流島で武蔵と戦った兵法家の名前が佐々木小次郎でなかったのは明白だ。

では、彼の姓は何だったのか。

参考になる史料は、享保十二年（一七二七）の『兵法大祖武州玄信公伝来』だ。福岡藩の二天一流の師範である立花峯均《たちばなみねひら》が、先代先々代の師範から夜語りで聞いた内容をまとめたもの。ちなみに初代師範が宮本武蔵で、執筆者の立花峯均は五代目にあたる。三代目・四代目から話を聞いているのは、かなり有力な証言ではないか。三代目の師範は、武蔵と面識があってもおかしくない。何より信憑性が高いといわれる『沼田家記』とも共通点が多い。

『兵法大祖武州玄信公伝来』では、どう記されているか。

〈巌流は流儀の称号なり。津田小次郎という〉

佐々木小次郎の姓は、津田小次郎である可能性が非常に高いのだ。

津田小次郎——正直いうとあまりかっこよくない。佐々木小次郎の方がかっこいい……。


さて、そんな小次郎と武蔵はどんな決闘をしたか。『兵法大祖武州玄信公伝来』の記述で、巌流島の決闘の様子を追っていこう。有名な武蔵遅刻説はない。逆に、武蔵は小次郎よりも早く決闘の島に到着している。武蔵遅刻説は、宝暦五年（一七五五）の『武公伝』が初出のようだ。それ以外の史料では、武蔵が遅刻したとは書いていないどころか、ほとんどが武蔵の方が決闘の島に先着したと記されている。

武蔵は、青木城右衛門《あおきじょうえもん》と共に舟で舟島に渡った。「小次郎より先に渡海せり」とある。服装は、小袖と西洋袴のカルサン。櫂《かい》を四尺（約百二十センチ）に切り、二寸釘を隙間なく打ち込んだ。暴走族の武器のようで、あんまりかっこよくない。その他にも色々と工夫をしたことが書かれており、兵法者としての武蔵のぬかりのなさがわかる。

ちなみに、海上には往来の舟が錨《いかり》をおろし、見物衆でひしめいていたという。門司の城主も武蔵と昵懇ゆえ、浜辺で見物していたとある。この門司城主が、『沼田家記』で事績が記された沼田延元だ。

遅れてやってきた小次郎もカルサンを着用していた。仕込刀を杖のようにして立っていた。仕込刀の鞘を払い、まっぷたつに切るパフォーマンスを見せるが、舟から降りる時に両膝をつくチョンボで見物の衆に笑われてしまう。

さらに、見学していた沼田延元と小次郎が口喧嘩をするなど、あまりかっこよくない描写が続く。

さて、決闘である。

が、ここで奇妙な記述がでてくる。急に「二尺七寸の青江《あおえ》の刀」が登場するのだ。小次郎は青江の刀を風車のように振り回したそうだ。
うん？　さっきまでの仕込刀はどこへいったのだ。まさか、仕込刀＝青江の刀か？　と思いきや、次に「仕込剣も水車に振りて」とあるではないか。さらには「手裏剣の如く飛ばし」とある。
なんと！　小次郎は二刀流だったのだ。

仕込刀（剣）と青江の刀を「水車」のように回して操り、だけでなく一方を「手裏剣の如く飛ばし」た。飛ばしたすぐ後に、小次郎と武蔵が双方相打ち覚悟の一太刀を同時に浴びせている。

もし、もしもだ。小次郎が一刀流なら、手裏剣のように唯一の得物を飛ばした後に、えっちらおっちらまたそれを拾いに行き、武蔵もそれを阻むことなくじっと待ち、そして小次郎が投げた刀を拾った後に、再びえいやとふたりが同時に切り掛かったことになる。

なんだ、その吉本新喜劇みたいなノンビリした決闘は。

信じがたいことだが、小次郎は青江の刀と仕込刀の二刀流を駆使したと解釈するのが自然であろう。

そして、両者同時に打ち掛かった。「互いにあたる」とあるように、相打ちだ。

が、運は武蔵にあった。小次郎の持つ刀が手の中で回転して、刀の平《ひら》で武蔵の左の首を打ったのだ。一方の武蔵の剣というより暴走族の釘バットは見事に小次郎の頭をかち割った。武蔵がとどめをさそうとすると、小次郎が立ち上がり、両膝をつきながら刀を横に払うが、これは武蔵のカルサンを斬っただけに終わる。

小次郎は二撃目を受け、再び昏倒。武蔵はカルサンを脱ぎ捨て、舟で島を去った。残された小次郎は一時蘇生し「水ひとつくれよ」と叫んでから息絶えたという。

「惜しむべし、憐むべし」とは『兵法大祖武州玄信公伝来』の記述。

巌流島の決闘は謎が多いが、壮絶な闘いであったことだけは確かなようだ。

第30話 ― 武蔵の武道観

武蔵

「ああ、斬れない。婆さん、俺は斬れないよ」

晩年、新撰組《しんせんぐみ》の沖田総司《おきたそうじ》は黒猫を斬ろうとし、そう嘆いたという。

一方、そんな猫を躊躇なくぶっ殺したのが、宮本武蔵だ。庭に入りこんだ猫を俊敏に追いかけ、木刀で打ち殺したという逸話がある。今ならばコンプライアンス上、間違いなくアウトなことを平然とやってのけた。

文学的儚《はかな》さを漂わせる沖田総司と、徹底したリアリストの宮本武蔵との対比が面白い。

そんな武蔵の武道観はどんなものか。

『五輪書』などを読むのもいいが、私が好きなのは次に紹介する逸話だ。

ある人物が、武蔵に兵法修行の要を尋ねたことがある。武蔵は部屋にある畳の縁を指さし、そこを歩いてみろといった。

男は難なく歩いて見せた。

「では、畳の縁が一間（約一・八メートル）の高さだったら歩けるか」

武蔵の問いに、男は難しいだろうと答えた。次に武蔵はこういった。

「では幅が三尺（約九十センチ）あれば渡れるか」

つまり高さ一・八メートル、幅九十センチの通路を渡れるか、と訊いたのだ。男は当たり前のように渡れると答えた。

「しからば、当地の姫路城の天守閣から増位山の山頂まで三尺幅の橋をかけたら渡れるか」

増位山というのは姫路城から四キロメートルほど離れた山で、標高は約二六〇メートル。それと姫路城天守閣を結ぶ橋があれば、と仮定したのだ。

ロープウェイもない時代に素晴らしい発想力だ。

高さ約二六〇メートル幅九十センチの橋を、手すりも命綱もなしで渡れるか、と武蔵は問うた。男の答えは正直で、無理というものだった。まあ、当たり前だろう。

「精気を練って畳の縁を踏み渡ることができれば、一間の高さも百丈の高さも恐れることはない」

こういって、武蔵は兵法修行の要を説いた。普段の木刀修行も真剣を持つ心構えでやれば、本番の真剣勝負も恐ろしくない、ということか。

深読みすれば、本番の真剣勝負でも、稽古場で木刀をふるようなパフォーマンスが出せれば恐れるものはないともとれる。

本番で普段通り、あるいは普段以上の力を発揮するというのは相当に難しいようだ。


私がスポーツトレーナーの方に聞いた話だ。彼はプロゴルファーを目指したが断念し、今はプロアスリートも通うジムでトレーナーをしている。ゴルフの世界で、プロになれる人とアマチュアどまりの人の違いは何かを聞いてみたことがある。

「技術や飛距離は関係ない。プロゴルファーになれた人の共通点は、勝負所で普段以上の素晴らしいショットが打てること。逆にいえば、どんなに高い技術と飛距離を誇るゴルファーでも、勝負所で普段の力が出せない人はプロにはなれない」

悲しいかな、本番で力を出せない、というタイプはあらゆるスポーツの世界に存在する（私もそうだ）。

野球のブルペンエース
相撲の稽古場横綱
格闘技のジムファイター

本番では低調な結果しか残せない選手を揶揄する言葉は多い。

六十余の真剣勝負に勝利した武蔵は、ここぞという時のパフォーマンスに絶対の自信を持っていたのだろう。それが畳の縁の逸話となって表れたのだ。


そんな武蔵は、極めた武の力を芸術方面にも活用した。師匠についたわけではないが、書や絵画も達者だった。武蔵は、兵法の理をもって学んだ、と語っている。ある種の天才だったのだろう。

さて、そんな武蔵の絵画を見ると、奇妙な癖があるらしい。

筆の運びが、通常とは逆なのだ。横線は右から左、縦線は下から上へ描き込まれているとか。その理由を、加来耕三氏の『宮本武蔵　剣聖・剣豪事典』（東京堂出版）では〈武蔵が左ききだったと推測する〉と書いている。とても興味深い説だと思う（ただ武蔵の運筆が下から上の説明にはなっていないの

が気がかりだが）。左ききではなくても、武蔵は左で筆を使ったであろう。武蔵は二刀流の遣い手である。普通の武芸者より、左手を器用に使える必要があった。トレーニングのために、左で絵を描いたとも考えられる。

二天一流では、左で短い刀を持ち、右で長い刀を持つ。二天一流の先生に取材した時、その方は二天一流の特徴をこう表現した。

「刀をいかにぎりぎりまで引きつけ、左の刀で払うか」

刀というのは引きつければ引きつけるほど、軌道修正が困難らしい。軌道修正不可能な間合いまで刀を呼び込んでから、左の刀で払うのが肝だという。あるいは武蔵は左で筆を持つ時、常に身に迫る敵の太刀筋をイメージしていたのかもしれない。

ちなみに二天一流にも様々な流派があり、あくまで私が取材した先生の考え方である。

さて、絵にも素晴らしい実力を発揮した武蔵だが、一度だけしくじったことがある。熊本細川家当主の忠利《ただとし》の前で達磨《だるま》大師《たいし》の画像を描いた時だ。画題としてはポピュラーで武蔵も何度となく描いたことがあったろう。が、どういうことか、主君の前での運筆が思うようにいかない。とうとう武蔵は途中で筆を止め、主君の前を辞した。後に武蔵は弟子に語る。

〈自分の絵は、とうてい剣には及ばない。君侯の仰せということで、筆を見事に運ぼうとして、かえって拙劣な絵しか描けなかった。（中略）絵となると、剣のような境地に立てぬ。だから、兵法の足下にも及ばぬと知った〉

実はその後、達磨大師を描いたら、満足のいく絵が完成したという。

天才かつ多才の武蔵も、絵に関してだけは稽古場横綱だったようだ。

第31話　武蔵は迷惑系ユーチューバー？

武蔵

最近、ユーチューブにはまって、色々と動画を見ている。スマートフォン片手に撮影し、時に十数分の動画で一千万円以上稼ぐという。羨ましいものだ。

競争の激しい世界なので、動画の内容は過激なものが多い。街の喧嘩自慢とスパーリングしたり、タバコをポイ捨てした人を注意して喧嘩したり、ぼったくりバーにわざと騙されたり。

ユーチューブで重要なのは、再生回数と登録者数。この二つが規定数以上になると広告収入が発生する。再生回数が多ければ多いほど、入ってくる収入も多くなる。ユーチューバーたちは、再生回数と登録者数を増やすために日々、努力している。

ふと、思ったことがある。このユーチューバーたちの行動、歴史上の誰かに似てないか。

宮本武蔵である。

正確にいうと、武蔵と同時代の全ての剣士たちだ。

江戸時代になると戦乱は遠い過去になり、戦場でのし上がることが難しくなった。それでもなお剣しか取り柄のない男たちが目指したのは、武芸で自身の流派を立ち上げ名門へと成長させることだ。無名ユーチューバー同様に、武芸者たちは涙ぐましい努力をした。

まず大事なのは、目立つこと。いかに強くても、人の目にふれなければいけない。武芸者たちは、ユーチューバーのようにキャッチーな外観になるよう工夫した。

武蔵が大坂の陣に参戦した時の幟《のぼり》は、こんなことが書かれていた。

釈迦《しゃか》は仏法の智者なり
我は兵法の智者なり

武蔵と戦った夢想権之助《むそうごんのすけ》も「兵法天下一　夢想権之助」と羽織の背中に大きく書いていた。見た目でインパクトを与えることができれば、次に必要なのは企画力のある動画だ。武芸者の世界では、命がけの仕合がそれにあたる。仕合にも企画力が必要だった。どんなに連戦連勝でも、誰も見ていないところでひっそりと勝利しても弟子は増えない。バズる動画のように、多くの人に見られてその後に噂として拡散されなければならない。

その点、武蔵はバズる仕合を組むのがうまかった。佐々木小次郎との決闘では、舟島という無人島での仕合にもかかわらず、見物の舟がひしめいていたほどだ。

また、バズった企画については、関連動画でさらなる再生数を稼ぐ。武蔵も同様で、吉岡一門との仕合では、まず兄の憲法を打ちまかし、次に弟との仕合も組んで、これにも勝利し大いに武名を売った。

こうしてバズる仕合をした武芸者が目指すのは、弟子を増やすこと。ユーチューブでは、登録者数を増やすことに当たる。

多くの弟子が入門することで束脩《そくしゅう》（入門時の持参金）の収入が発生する。目録や免許などを渡す時も金銭が発生したと思われる。ユーチューブでいう企業案件も増える。武蔵は、徳川家康の母方の従弟の水野勝成《みずのかつなり》に呼ばれ武術指南をしたと記録にある。
さらに大坂夏の陣では、勝成の陣に加わり木刀で大坂方の兵を何人も薙《な》ぎ倒したという。まさに企業案件である。

登録者数（弟子）を増やすのは、簡単なことではない。それはユーチューバーも武芸者も同じだ。

伸び悩むユーチューバーや武芸者が苦し紛れにやる荒技がある。

凸《とつ》である。

凸とは、ネット用語で〝突撃〟という意味だ。無名ユーチューバーが有名ユーチューバーにノーアポで突撃取材する。迷惑系と呼ばれるユーチューバーたちの得意技だ。有名ユーチューバーの出没場所をリサーチし、張り込みして「コラボお願いします！」と無理矢理に撮影する。

凸された有名ユーチューバーの中には、実家や家族などの個人情報を晒された人もいるし、訴訟沙汰にもなったケースもある。

社会問題になった凸は、武蔵たち武芸者の世界でもあった。

武蔵が塚原卜伝《つかはらぼくでん》に挑んだ時、食事中に切り込み、それを卜伝が鍋蓋で防いだというものがある。卜伝は武蔵が生まれる前に死んでいるのでフィクションだが、無名の武芸者たちがいかにして有名武芸者に凸していたのかがわかる。

武蔵も前述の夢想権之助の道場破りという凸を受け、それを二刀の技で簡単にあしらい撃退した。夢想権之助側の記録では、その後、彼は山に籠り剣を捨て杖術の奥義に目覚め、再び武蔵を凸して、今度は二刀の技を破ったという。二度の凸の甲斐あって権之助は登録者数（弟子）を稼ぎ、創始した神道夢《しんとうむ》想流《そうりゅう》杖術《じょうじゅつ》は今も流派として健在だ。

佐々木小次郎と武蔵の戦いも、小次郎がまず武蔵の父に凸して断られ、それを小次郎が武蔵の父が臆病風に吹かれたと挑発して、武蔵に戦いを挑ませたという記録がある。

凸る側が様々な策を弄するところは、ユーチューバー同士の駆け引きを彷彿とさせる。

凸を受けるのは武芸者ばかりではない。江戸初期に、竹内流《たけのうちりゅう》という流派の二代目竹内久勝は京都で修行中のおり、後水尾《ごみずのお》天皇がお忍びで桜を見に行く情報をキャッチし凸を敢行した。久勝は花見行列の前に出て、武芸上覧を願いでたのだ。首尾よく許可がでて武芸を披露し、その後、宮中に呼ばれ関白の前でも技を認められ「日下捕手開山《ひのしたとりてかいさん》」の称号を得た。

さすがに帝の行列に凸したのは創作だと思うが、そこまで思い詰めるほどに武芸者たちは必死だった。戦場でのし上がれなくなった武芸者たちは、ユーチューバーのごとく企画力や自己プロデュース力を磨き、時には非常識な凸で流派を大きくしていったのだ。

第32話 ― 信長の小姓〝蘭丸〟の真実

戦国

織田信長の小姓で有名な人物といえば森蘭丸《もりらんまる》だ。信長の腹心の森可成《よしなり》の息子で、他の兄弟も武将として活躍した。特に弟の森忠政《ただまさ》は美作《みまさか》国津山《つやま》藩十八万石の初代藩主となった。

森蘭丸はどんな武士か。弟の森坊、森力らと共に信長の小姓を務めた。父の森可成は十文字槍を操る豪傑だったが、蘭丸はどちらかというと〝おもてなし〟が得意な武人だったようだ。

蘭丸の容姿やふるまいを称賛する史料は多い。

〈姿貌倫ヲ絶シ才芸亦比無シ、時ノ人多ク美讃スト云〉『遠山來由記』

〈容顔美麗にて出頭第一、言語行跡相応シテ才発よき〉『森家先代実録』

信長の秘書として、外見才能ともに十二分な素質を有していた。

天正七年（一五七九）の十五歳の頃にはもう活動が見られる。信長の使者として贈答品を渡す役目が多かった。

天正九年、信長の三人の息子、信忠《のぶただ》、信雄《のぶかつ》、信孝《のぶたか》が安土城を訪れた時、信長の代理として三人に脇差を贈る役を担っている。

本能寺の変が起こる天正十年には、岐阜城にいる信忠のもとへ赴き、伊勢神宮への寄進を指示する役目を負った。

同年、紀州雑賀《きしゅうさいか》攻めで大将の首を討ち取る活躍をした斎藤六大夫《さいとうろくだゆう》への褒美を贈る使者としても、安土城から派遣されている。六大夫は小袖と馬をもらい、大層感激したとのことである。

さらに、信濃《しなの》の松尾《まつお》城城主の小笠原信嶺《のぶみね》が名馬を贈った返礼として本領安堵の朱印状を渡す役も受け持っている。

本能寺の変の直前には、幸若太夫《こうわかたゆう》という能役者を賞するための使者としての役目も果たしている。安土城を訪れた徳川家康を、明智光秀がもてなした会での一幕だ。その直前に、梅若《うめわか》太夫という能役者が不出来な舞台で信長が激怒し、口直しの意味で幸若太夫が能を急遽披露したのだ。

〈信長公のご機嫌もなおり、森乱がお使いとなって、幸若太夫を御前へ召し出され、ごほうびとして黄金十枚を下された〉（『現代語訳　信長公記（全）』榊山潤訳より抜粋）

信長への面会を伝えるだけの使者の役でさえも森蘭丸の名前が上がるということは、相当な寵愛を受けていたのだろう。


信長の秘書として存分に働いていた蘭丸だが、その一方で兄の森長可は野戦指揮官として活躍する。天正十年の武田家征伐でも先陣の将として戦場を駆け抜けた。官名の武蔵守から〝鬼武蔵〟と呼ばれ、武田家滅亡後、北信濃四郡の支配者に出世する。

兄の武功のおかげか、それともこれまでの秘書としてのひたむきな働きぶりを評価されたのか、蘭丸もとうとう城持ちの身分に昇格する。兄の旧領であった、美濃《みの》国兼山《かねやま》城を与えられたのだ。その石高は五万石といわれている。十八歳の蘭丸への期待のほどがわかる。

先述のように、森一族は豪傑の血筋だ。弟の森忠政も蘭丸同様に小姓務めをするはずだったが、呼び出された安土城で同僚に怪我をおわせ領国に帰らされているほどの武辺者だった（もし、この事件がなかったら忠政も本能寺の変に巻き込まれていたかもしれない）。

きっと蘭丸も父や兄弟同様に武勇に優れていたであろう。しかし、五万石の侍大将としての真価を発揮する場は与えられなかった。弟の森坊、森力と一緒に本能寺で討死にしてしまうからだ。

『遠山來由記』には〈敵の陣中ニ駈ケ入テ大ニ苦戦シテ死ス〉と森蘭丸の最期を記述している。

さて、そんなエリート一族の蘭丸だが、実は〝蘭丸〟という名前ではなかったという。同時代の史料には、乱や乱法師などと表記されている。森蘭丸と森乱では随分とイメージが変わってくる。信長の寵愛を受け最後をともにした忠臣というよりも、裏で何かを画策する策士の雰囲気がぷんぷんとする。

実は〝蘭丸〟を名乗った小姓は別にいた。伊藤蘭丸祐道《すけみち》という侍だ。父親の蘭丸祐広《すけひろ》とともに親子二代で信長の小姓を務めた。

信長が本能寺で横死して約三十年後、息子の蘭丸祐道は商人になることを決意。慶長十六年（一六一一）のことだ。ちょうど、家康が清洲《きよす》城を破却し名古屋城を造らんとしていた。「清洲越《きよすごし》」といって清洲城下の町衆も名古屋城下へと吸収されることに。これに乗じて、蘭丸祐道は名を源左衛門と改め、呉《ご》服小間物問屋《ふくこまものとんや》を開く。ただ、大坂の陣が勃発すると、なぜか蘭丸祐道こと源左衛門は豊臣方として参戦し討死にしてしまう。

一方で、祐道の息子や子孫たちは商売の道を手堅く守り、次郎左衛門裕基《すけもと》の代で商いを大いに発展させた。以後、伊藤家は舶来品を手がけるなどして、京都進出をはたす。そして、大坂の陣で戦死した蘭丸祐道から十一代目の当主の時、江戸の呉服屋・松坂屋を買収する。念願の江戸一号店を「いとう松坂屋」と命名した。

これが今の「大丸松坂屋百貨店」へと成長するのである。

十二代目当主の時には、尾張《おわり》藩主に謁見する権利も獲得し、御勝手御用達《おかってごようたし》の役も務めたという。蘭丸時代に先祖返りしたかのように、伊藤家は尾張藩の財政の一端を担った。

信長の小姓〝蘭丸〟は武士としては大成できなかったが、後に松坂屋となる「いとう松坂屋」の創業者となり、商売の道で大きな足跡を残した。その活躍は、決して森一族に劣るものではない。

第33話　商都、大坂、焦土から誕生す

江戸

「金にがめつい大坂はいつ誕生したのか」

という趣旨の質問を、西村ひろゆき氏と成田悠輔氏が、ユーチューブ上で当時の大阪市長・松井一郎氏に投げかけているのを見た。それに対し松井氏は太閤《たいこう》・豊臣秀吉の時代からではないかと答えていた。ひろゆき氏が続けて、江戸時代、大坂は堂島の米取引所——堂島米会所で世界最初の先物取引が行われた、なぜ、そんなことが大坂で可能だったのかと商都としての特異性に興味を持っているようだった。

そこで、自分なりにいつから大坂は商売の都としての性格を持つに至ったのだろうか、と考えてみた。ターニングポイントは、大坂の陣だったのではないか。この時、ビジネスバーサーカーともいうべき、命懸けで商売をする人たちが押し寄せてきた。

その一例として、岡田心斎《おかだしんさい》という人物をあげたい。岡田心斎は、美濃《みの》三人衆の氏家卜全《うじいえぼくぜん》の一族だ。祖父は氏家志摩守《しまのかみ》といい、元亀二年（一五七一）の長島一向一揆《ながしまいっこういっき》の戦いで討死してしまう。息子の四郎兵衛は武士の世界を嫌い、京都伏見で商人になり、生まれたのが岡田心斎だ。本能寺の変が起こる七年前の天正三年（一五七五）のことだ。

さて、商人として邁進する岡田心斎に転機が訪れる。大坂の陣が勃発したのだ。心斎、四十歳の頃であった。

皮肉なことだが、戦争ほど金が動く事件はない。それは戦国時代も同様だ。軍需物資は間違いなく高

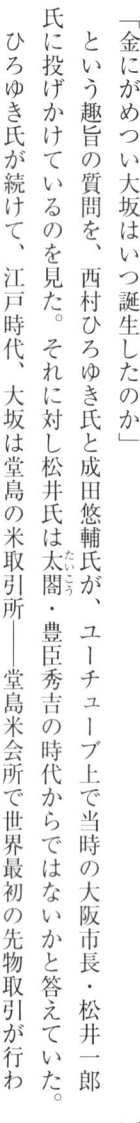

騰する。

心斎は伊丹屋平右衛門、三栖清兵衛、池田屋次郎兵衛ら仲間と全財産をかき集め、兵糧や武具をたっぷりと買い占めた。

値上げを見越し、今でいう転売ヤーのようなことをしたわけだ。

さて、大坂の陣が起こると買い占めた兵糧や武具は予想通りにどんどんと高値を更新していく。読者の皆さんならば、どうするだろうか。私もそうだが、きっと最高値で売ろうと画策するはずだ。

だが、心斎ら四人はそれをしなかった。

兵糧や武具を、徳川秀忠《ひでただ》に無償で譲渡し、彼らは一銭の儲けも得なかったのだ。

さて、大坂の陣は兵糧や武具を無償譲渡した徳川方が勝利した。徳川方は大坂夏の陣で豊臣秀頼を自害に追い込むだけでなく、大坂ジェノサイドとも呼ばれる大虐殺や大略奪を展開する。

これによって、大坂は焦土と化す。

さて、勝利した秀忠である。あることが心にひっかかっていた。大量の軍需物資を無償で譲ってくれた心斎ら四人のことだ。そこで部下を使って調べさせると、当たり前というべきか全財産を使いこんだのでひどく困窮しているとわかった。これを哀れに思った秀忠は、心斎ら四人に大坂を再開発する権利を与えたのだ。

なんのことはない、心斎らは軍需物資ではなく恩を売っていたのだ。そして、これは兵糧や武器を転売するより遥かに大きな儲けになった。

元和二年（一六一六）、心斎らがまず手がけたのは、川の開削事業である。大坂の地を東西に走る長堀川を六年がかりで開削し、両岸に町家を建てた。

さらに、長さ十八間（約三十三m）、幅二間半（約四・五m）の巨大な木橋を建造する。

この橋は、開発者の名前にちなみ〝心斎橋〟と呼ばれた。

競争相手となる在地の商人は、大坂ジェノサイドによって壊滅している。幕府のお墨付きをもらった心斎は、まさに無敵状態だ。大坂で莫大な利益を上げることになる。

とはいえ、一歩間違えれば豊臣方が勝利していたかもしれない。破産覚悟の危険な博打には違いない。

ちなみに彼らの活躍の名残は、江戸時代の大坂の地名からも見てとれる。心斎町、長堀次郎兵衛町など、長堀川や道頓堀を掘削した人たちの名前が町名になっている。繁華街・難波にある有名な宗右衛門町も、道頓堀を掘削した山口屋宗右衛門に由来する。
豊臣家滅亡後、岡田心斎らリスクを恐れぬバーサーカーのような商人たちが焦土となった大坂を席巻したのだ。
彼らの商魂は大坂に根付き、堂島に堂島米会所を開いた。日本全国の米が大坂に集まり、米会所の競りで値が決められた。決定した米価は、米飛脚や旗振り通信によって瞬く間に各地に伝えられ、全国の米相場に影響を与えた。
それだけでなく、世界初の先物取引さえも実現させたのだ。

第34話 ― 秀家の歌

江戸

本州から約三百キロメートル離れた南海の島に、拙作『宇喜多の楽土』の主人公、宇喜多秀家《うきたひでいえ》が眠っている。秀家は関ヶ原で西軍の主力として奮闘したが、決して武辺だけの武将ではなかった。教養もあり、特に歌をよくした。なかには、関ヶ原の激闘を思わせる歌も残っている。

個人的に気になったのは、

血の涙　流（ながし）立て跡を　久世川（くいせがわ）の　水の泡とや　きえなんものを

という和歌だ。血の涙というところが、秀家の無念さを際立たせている。

久世川とは、関ヶ原合戦の前日にあった杭瀬川の戦いだろうか。石田三成配下の島左近《しまさこん》が活躍した戦いだが、その後詰として宇喜多勢も手柄をあげたと伝承にはある。ただ、感状類が一切残っていないため、存在を疑問視されている戦いだ。が、私はこの秀家の和歌を見てから、杭瀬川の戦いはあったのではないかと考えている。

そんな彼は、関ヶ原敗北後、島津家での潜伏生活をへて、八丈島に流罪になる。そして、関ヶ原参加大名のなかでは、最長寿の八十四歳で病没した。

潜伏先や配流先でも、秀家は歌を手放すことはなかった。以下は、潜伏先の島津領大隈《おおすみ》で、都忘れという菊を見て詠んだ一首。

うたたねの　夢は牛根の　里にさえ　都忘れの　菊は咲きけり

諦観が秀家の執着を取り去ったのか、最初の歌よりこちらの方が私は好きである。

離島の八丈島でも、いくつか和歌を詠んでいる。

面白いのは、秀家死去から約二百年たった慶応三年（一八六七）、新たに秀家の和歌が発見されたことだ。本州から流されてきた流人僧侶の日寿が、先輩の流人僧侶から木像を譲りうけた。日蓮大菩薩として日夜敬っていると、木像から異音がすることに気づく。埋め木を取り除いてなかを検《あらた》めると、秀家の真筆が出てきて、どうやら宇喜多秀家の坐像であるとわかった。真筆の他にも、秀家とその子と孫の親子三代の和歌も入っていたという。

木像から出てきた秀家の和歌に、こんなものがある。

綿ぼうし　さわらば落ちん　禿げ頭　さぞ寒からめ　西の山風

私が一番好きな歌である。解釈としては、秀家が八丈島に来る前年に島の火山が噴火したので、その噴煙を綿帽子にみたてたものだという。その解釈よりも、さわれば落ちる綿帽子に関ヶ原で崩壊した西軍の哀愁を滲ませている、と読んだほうが意味が深まるような気がしている。

木像からは、もうひとつ秀家の辞世の句が出てきた。

御菩提の　種や植えけん　この寺へ　みどりの松
の　あらん限りは

実は、秀家と松は浅からぬ因縁がある。

宇喜多家の京屋敷の玄関には、大きな松が植わっていた。関ヶ原後に宇喜多屋敷は破却されるが松は残り、そのため松屋町（あるいは浮田町）と呼ばれた。しかし、天明八年（一七八八）の大火で焼失してしまったと、幕末の戯作者の暁《あかつき》鐘成《かねなり》が随筆集『晴翁漫筆』で書いている。

宇喜多屋敷の玄関松によほど思い入れがあったのか、宇喜多秀家は八丈島でも航海の目印となる松を自らの手で植えている。久福松とも宇喜多秀家お手植えの松とも呼ばれるものだ。

ちなみに、久福松とは秀家が出家した法名の久福（休福とも）からとっている。『久福（秀家）様御遺訓』には、なぜ松を植えたかについて、秀家のコメントが残っている。

「秀家手植えの松といえば、人も珍しく見るだろう」

とあり、その後に「スジョウヨクソダテヨ」とある。

実際に久福松は航海者のよき目印として、明治の頃まであった。当時の写真を見ると、他の木々を圧倒する高さが印象的だ。

残念ながら、今はこの松はない。第二次大戦中に切られたと伝承されていたが、今回、八丈島の地方紙『南海タイムス』さんに確認すると、『八丈島概観』という史料に、明治四十四年の暴風で幹が折れ、枯損したと記載されているそうだ。

平成二十年に岡山県から松を植樹して、秀家の墓の横に久福松が復活した。大きさは過去のものに及ぶべくもないが、いつか負けぬくらいの大樹に育ってくれるだろう。

久福松が植わる秀家の墓に関しては、もうひとつ面白いエピソードがある。それを教えてくれたのは、細菌や酵母などを研究するある大学教授だ。私が教授に秀家の小説を書いていると伝えると、すぐに「あの八丈島のトリコマイシンの秀家ですね」と返答がきたのだ。教授の専門分野でも、秀家は有名らしい。というのは、秀家の墓所の土壌から見つかったトリコマイシンという抗生物質が、水虫薬の重要な材料なのだ。ウェブで調べると『日本大百科全書』のトリコマイシンの項目に〈１９５２年（昭和27）八丈島の宇喜多秀家の墓所の土壌から分離された……〉とある。

ということは、秀家の遺体にトリコマイシンがあり……と思っていたが教授がいうには違うらしい。ただの偶然ということだ。

薬のもととなる物質は莫大な富を生む。そのため数多の研究者が、世界中のありとあらゆる土を集め、薬の材料探しに躍起になっている。そのひとつにたまたま秀家墓所の土壌があり、そこから奇跡的に水虫の抗生物質が発見されたのであって、秀家の遺体は関係ないとか。

さて、あの世の秀家は自分の墓所から水虫の薬が発見されたと聞けば、どんな感慨を抱いただろうか。きっと軽妙な和歌にして、我が身と我が墓の奇縁を詠っただろう。

第35話　坊ちゃん秀家の逃避行

江戸

宇喜多秀家《うきたひでいえ》は豊臣秀吉の養女の豪姫《ごうひめ》を娶《めと》り、豊臣家五大老に若くして就任し、二十九歳の時に関ヶ原の合戦で西軍の主力となるも敗北した。その後は八丈島に流され、約五十年という長い余生を過ごす。前半生の華麗な経歴から貴公子というイメージがぴったりとくる人物である。

しかし、人間は逆境に置かれると素がでる。関ヶ原敗戦後、逃避行を続けた秀家は貴公子とは一言では片付けることができない一面を露呈した。坊ちゃん育ちのわがままっぷりをいかんなく発揮したのだ。

『慶長年中卜斎記』という史料がある。徳川家康の侍医・板坂朴斎《いたざかぼくさい》が記したものだ。卜斎が徳川家家臣の屋敷に招かれた際、秀家と逃避行をともにした進藤正次《しんどうまさつぐ》と同席し、そこで聞いた話が書かれている。

それによると、関ヶ原近くの山に秀家と家臣七人が潜伏していたという。落武者狩りがあちこちで行われる中、秀家のわがままが発揮される。喉が渇いたので、水を飲みたいといったのだ。ちなみに、彼らは水筒さえも持っていない。

七人の家臣の一人だった進藤が、谷へと降りていった。水筒がないため、地面に落ちていた紙を拾ってそれに水を浸したという。

すると秀家の隠れる場所から物音がし、谷を登ると秀家一人残され家臣は消えていたという。

秀家の家臣の著した『難波経之旧記』にも小さな齟齬はあるものの同じようなことが書かれている。

七人の家臣と潜伏していた秀家が水を求め、一人が谷に水を汲みに行っている間に、秀家は水を汲みに行った家臣が気に食わず、それを見捨ててどこかへ消えた。ちなみに、その家臣の名前は芦田となっており、進藤ではない。さらに残る六人の家臣にも暇を与えて、ひとり百姓の屋敷で潜伏したという。慕ってついてきた家臣にひどい仕打ちである。

ちなみに『慶長年中卜斎記』の進藤の証言では、秀家と二人で逃避行を続けたことになっている。その時も秀家は苦しみのあまり、「私を捨てていけ」と何度も弱音を吐いた。

そんな主君を、進藤は時に背負い時に手をひき、とうとう北近江《おうみ》まで連れてきた。だが、そこにも徳川方の探索の手が伸びている。

すでに三日間、何も口にしていない状況だった。そこで、進藤はある民家の亭主に面会を申し入れる。自分たちが秀家一行であることを正直に打ち明け、「徳川方に突き出されてもいい、それは亭主の心ひとつだ」といって匿ってもらうことに成功する。

この時に身を落ち着けたのが牛小屋だった。座敷に匿われなかったのは、落武者の悲しさである。

そして、またもや坊ちゃん育ちの秀家が弱音を吐く。牛小屋に潜伏して二日しかたっていないのに、「牛小屋は窮屈で迷惑だ。これなら見つかった方がましだ」と亭主にクレームをつけた。アンネ・フランクを見習えとはいわないが、あまりにも捨て鉢なセリフだ。

亭主にしてみれば、もし秀家が出頭すれば匿った自分も重罪になる。とんだ疫病神を保護したことになる。亭主と進藤はどうにかなだめすかして、秀家を牛小屋に待機させた。

坊ちゃん育ちの秀家に潜伏は長く続かないと判断したのか、進藤は秀家の書状を持って単身、大坂を目指す。そこで豪姫と面会し、黄金二十五枚を懐にいれて秀家の隠れる牛小屋へと戻った。

そして亭主に黄金二十枚を渡し、変装させた秀家を馬に乗せて大坂の豪姫のもとを目指した。

ちなみに、この時の亭主の行為を皆が誉めたたえたが、進藤は名前も在所も忘れてしまったと証言している。そんなことはあるまいと思うので、何か隠したいことがあったのだろう。あるいは、秀家の行状の悪さがばれることを恐れたのかもしれない。

大坂についた時には、残りの黄金は三枚になっていた。北近江から大坂まで黄金二枚を消費したわけで、随分と燃費が悪いように思う。あるいは、秀家が美食などのわがままを要求したのかもしれない。

大坂で薩摩《さつま》島津家に落ちのびる算段をつけて、進藤はここで秀家と別れた（後に、その忠誠を評価され徳川家の旗本に登用される）。残りの黄金のうち二枚は秀家に、一枚は進藤が持った。渡された黄金を見て、秀家は不思議そうな顔をしたという。坊ちゃん育ちの秀家には、黄金が価値あるものだと理解できなかったと進藤は証言している。電車の切符の買い方がわからないお嬢様みたいだ。

さて、薩摩へたどりついた秀家だが、ここでも生活が苦しかったのか、徳川方に出頭したいと島津家にわがままをいっている。密かに匿った島津家にしてみれば、自分たちの罪がばれることを意味する。北近江の亭主と同じ状況だ。

島津家は、なんとか秀家をなだめすかしたが、「このまま潜伏を続け、家名を絶やすのは屈辱だ」とのたまって、とうとう上方へと上ったという。さて、そんな秀家は島津家や豪姫の実家の前田家などの

助命嘆願もあり死罪を許され、八丈島へと流された。

その暮らしはいかばかりであったたか。宇喜多家は当地で罪人として暮らし、罪が許されたのは明治維新を迎えてからだ。血がこくなりがちな遠島の事情もあるのか宇喜多家は歓迎され、一緒に流された息子たちは嫁をとり、孫が次々とできた。八丈島で田畑ももらい、織物業などにも従事した。

ここで江戸幕府のシステムエラーを宇喜多家はつく。『「豊臣政権の貴公子」宇喜多秀家』（大西泰正著／角川書店）によると、罪人ゆえ宇喜多家には納税の義務がなかったという（少なくとも絹織物の上納は免除されていたようだ、とある）。さらに前田家からはわかっているだけでも七十八回の援助物資や書状が送られている。

罪人ゆえの免税特権を活かし、宇喜多家は八丈島で繁栄した。本家以外にも七つの分家ができるほどだった。

流刑にはなったが、秀家のぼっちゃんＤＮＡは皮肉な形で子孫を繁栄に導いたようだ。

第36話 ― 殉死百景 1

江戸

戦国時代が終わると、武士の〝あるべき行動〟として急速に大流行したものがある。

何かわかるだろうか。

殉死《じゅんし》である。

実は室町時代や安土桃山時代、殉死者はほとんどいなかった。戦国乱世に生きている人間の方が、自分の命を投げ出して殉死していそうだが、そういうことはなかった。逆に太平の世になり、勇気と忠誠を誇示できる戦場を失った結果、主君が病死などした時に家臣たちが殉死するケースが激増した。

【松平忠吉《まつだいらただよし》の殉死者】

大流行のきっかけは慶長十二年（一六〇七）、徳川家康の四男の松平忠吉が病死した時のことだ。忠吉はすでに将軍になっていた徳川秀忠《ひでただ》の同母弟で、家康からもかなりの期待をかけられていたらしい。その証拠に、要の地である尾張《おわり》を封地として与えられていた（子がいなかったため、尾張は後に家康九男の徳川義直《よしなお》が継承）。

さて、そんな忠吉には三人が殉死した。三人の内訳は家臣が二人、追放された元家臣が一人である。世間を賑わせたのは、元家臣である小笠原監物《おがさわらけんもつ》だ。彼は前年に忠吉の勘気を受け奥州《おうしゅう》へと逃亡していたが、忠吉の死を聞くや江戸へと取って返した。そして、増上寺《ぞうじょうじ》にある忠吉の位牌に拝礼し、庭で能の『姨捨』を舞った後に腹を切ったという。大勢の見物人を集めた上での出来事であった。この時、監物の小姓で「無類なる程の美童」とうたわれた佐々喜内も一緒に腹を切った。

ちなみに、殉死した者の家臣（陪臣《ばいしん》）や身内友人がさらに殉死することがままあり、彼らのことは又《また》殉死者《じゅんし》という。美童の喜内がそれである。

追放されたにもかかわらず奥州から取って返した監物、さらに又殉死者の喜内が絶世の美男子だったこともあり、忠吉の殉死騒動は大評判となった。

江戸時代の史料『治国寿夜話』では、忠吉の殉死者についてこんな記載をしている。

〈徳川家の御治世となってからたいへん殉死者が盛んになったのは、この人々の殉死によるものといわれている〉（山本博文著『武士と世間』（中央公論新社）より抜粋）

【結城秀康《ゆうきひでやす》の殉死者】

松平忠吉の殉死者のインパクトは大きかった。その二ヶ月後、家康次男の結城秀康が死去するのだが、この時、二名の家臣が殉死した。うち一人は、こんなコメントを残している。

〈追腹を切るなら、尾張家の臣に劣るはずもないが、（主君の死の時期が尾張家よりも）六十日余りおくれたために、日本追腹の手本とならなかったのが悔しい〉（前掲書より抜粋）

秀康がもっと早く死んでくれれば、といわんばかりのコメントだ。ちなみに介錯したそれぞれの家臣二人も腹を切り、又殉死者となっている。

殉死者に多かったのは、同性愛関係である。当時の武士の間には、衆道という同性愛が流行しており、それによって醸成された肉体的・精神的繋がりが、殉死へと走らせた。忠吉の殉死者の小笠原監物と佐々喜内もその例の一つだ。

彼らの死に様をざっと紹介してみる。

【豊臣秀次《ひでつぐ》の殉死者】

殉死の大流行以前のケースだが、豊臣秀次のケースを見てみる。豊臣秀吉によって関白を退位させられた秀次は、高野山へと送られた。そこで死を命じられたとも抗議のために自ら腹を切ったともいわれている。

この時、二名の小姓が殉死している。そのうちの一人の不破万作は、天下三美少年といわれる美童だった。その儚い散り様ゆえか、後に歌舞伎では彼をモデルとした不破伴左衛門《ふわばんざえもん》が生まれ、初代市川團十郎《いちかわだんじゅうろう》が好演している。

【徳川家光《いえみつ》の殉死者】

徳川家光が死んだ時、殉死厳禁という遺命にもかかわらず五名が追腹を切った。そのうちの一人は、老中《ろうじゅう》経験者の堀田正盛《ほったまさもり》。彼は若き頃、家光と衆道の関係にあった。それゆえに、彼は「昇天の供をする」と老中たちに宣言し、周囲もそれを止めなかった。

ただ、この時、苦労したことがある。それは、衆道の関係にある者はパートナー以外に肌を見せてはいけないという風習だ。実の子にさえも肌を見せない、ともいう。堀田正盛の衆道の相手は他ならぬ家光である。将軍にしか肌を見せてはならじと、彼は着衣のまま腹を切ったという。

【細川忠興《ただおき》の殉死者】

細川忠興が死んだ時も五名の殉死者が出た。

その一人の興津弥五右衛門《おきつやごえもん》が変わっているのは、三回忌の時に追腹を切ったことだ。彼は殉死の際、お歯黒をほどこしていた。彼もまた、忠興の衆道の相手だったと想像されている。冥土で、忠興と夫婦になるという誓いのお歯黒だろうか。

〝興津〟の苗字は本来、〝沖津〟だったらしいが、忠興から一字をもらい改名したというエピソードも、二人の愛情の深さを感じさせる。

あの世では、忠興正妻でキリシタンのガラシャ夫人と壮絶な痴話喧嘩を展開したことだろう。

ちなみに、興津弥五右衛門をモデルにして、森鷗外が『興津弥五右衛門の遺書』という小説を執筆している。

【本多忠刻《ほんだただとき》の殉死者】

本多忠刻は徳川四天王・本多忠勝《ただかつ》の孫で、家康孫娘千姫《せんひめ》をめとった名門大名だが、三十一歳の時に早世してしまう。殉死者の中に、小姓の宮本三木之助がいた。実は彼、剣豪・宮本武蔵の養子である。三木之助は水野勝成《みずのかつなり》配下の中川志摩之助《しまのすけ》の息子だ。

武蔵は大坂の陣のおり水野勝成に雇われており、ここで中川志摩之助と交流が生まれたのだろう。後に、三木之助を養子にして本多忠刻に出仕させた。

忠刻が死んだ時、三木之助はその墓前で腹を切ったという。三木之助の弟（中川志摩之助四男）も武蔵の養子になっていたので、彼が三木之助を襲名し跡を継いだ。武蔵が養子の殉死に何を思ったかは不明だ。

第37話　殉死百景 2

江戸

前話からの続きで、殉死のあれこれを書く。

戦国時代が終わって太平の時代になり、殉死が大ブームになる。戦場で命知らずの行動をとれなくなった武士たちが、自らの勇気を誇示したり、あるいは衆道の愛情の極みや主君への忠誠を見せつける形で、次々と腹を切っていった。

殉死者は衆道の関係者が多いが、もちろんそれ以外にもある。

【細川忠利《ただとし》の殉死者　一】

右田因幡《みぎたいなば》は、細川家の家臣でないにもかかわらず忠利逝去のおり自害した。もとは大友家の家臣で、剣術の達人だったという。忠利自身も新陰流《しんかげりゅう》の達人である。因幡を召し抱えようとしたが、戦場で負傷し体が不自由だったらしく彼は固辞した。忠利は因幡の暮らしが成り立つように、金山の運上金の取り立てなどの仕事を与えるだけでなく、たびたび彼の屋敷を訪れ歓談した。

そして、忠利が死去すると、因幡は細川家の家老たちに殉死を願いでる。家老たちの制止も虚しく、因幡は追腹を切ったという。彼は忠利の小姓ではなかったが、衆道に近い精神的紐帯を感じていたのかもしれない。

なお、宮本武蔵の最後の対戦相手ともいわれる雲林院《うじい》弥四郎も忠利の客分として寵愛された。忠利死後に雲林院弥四郎へ殉死の同調圧力があったが、こちらはそれを撥ねのけ天寿を全うしている。

【細川忠利の殉死者　二】

忠利の殉死者で他にも変わり種がいる。津崎五助という人物だ。自分以外のものを道連れに殉死したのだ。殉死者の家族や友人、家来が殉死することがあり、彼らは前話で述べたように又殉死者といわれる。津崎五助が珍しいのは、人間ではなく犬を又殉死者に選んだことだ。津崎五助は犬牽《いぬかい》を務める下級家臣だった。犬牽とは鷹狩《たかがり》用の猟犬を訓練する職業だ。忠利が放鷹《ほうよう》をした時、気に入られ、以後、親しく声をかけられたという。先の右田因幡の例からもわかる通り、忠利というのは随分とフランクな人物だったようだ。

しかし、その親密さが仇となり、多くの殉死者を出すことになる。

津崎五助は親しく話しかけられたことを大恩と感じ、殉死を決意。細川家の家老たちは制止した。殉死者としてふさわしい身分でないことと、理由が他愛ないからだろう。ところが、彼はこれを聞き入れなかった。自分の愛犬を殺して、自らも命を絶ったという。犬が不憫でならない。

【鍋島勝茂《なべしまかつしげ》の殉死者】

殉死者は日本人ばかりではない。

九州の雄藩鍋島家の君主・勝茂が死んだ時、二十六人もの人が殉死したが、その一人の洪浩然《こうこうぜん》は朝鮮半島の出身である。文禄・慶長の役で、勝茂の父の直茂が晋州にいる時、十二歳の童が野犬に襲われていた。直茂によって救出され、日本へと送られたその子が洪浩然だった。

直茂の子の勝茂は洪浩然と歳が近かったこともあり、彼を重用し京の五山で学ばせるなど英才教育をほどこした。

ある時、洪浩然に同情し、勝茂は朝鮮への帰国を許可する。ここまでなら美談だが、勝茂は洪浩然に未練が生じて渡海前に連れ戻すという暴挙にでる。帰郷を奪われた洪浩然の心中を思うとやりきれない。洪浩然は日本に骨を埋めることを決意し、勝茂が逝去した時に殉死した。七十六歳であったという。

異国の殉死者は前代未聞と話題になったらしいが、洪浩然はいかな気持ちで死に臨んだのであろうか。日本人殉死者とは心の模様が随分とちがっていたように思う。


この鍋島家だが、かなり特異な家風を持っていた。殉死者が他家よりもずば抜けて多いのだ。


【鍋島茂賢《しげまさ》の殉死者】

鍋島茂賢は藩主ではなく、鍋島家の家臣である。武功により鍋島姓を与えられた。彼が死んだ時も、二十人以上が殉死した。

その中の一人の理由と思しきものは、魚のつまみ食いである。

ある時、茂賢が食事中に来客があり、席を外した。家臣の一人が、その隙に魚をつまみ食いしたのだ。

運悪く茂賢が戻ってきて見つかってしまう。家臣は慌てて逃げたが、茂賢は彼を追及することなく、つまみ食いされた魚を完食して不問にしたという。サザエさんの主題歌が頭に浮かぶ、とほほな逸話である。この家臣は、つまみ食いで罰されなかったことに感激して死んだのだとしたら、そもそもつまみ食いなどという卑しい真似をしなければよかったのに、と思ってしまう。

【鍋島家の女性の殉死者】

また、鍋島家は藩主の奥方などが死んだ時、そのお付きの女性が死ぬこともあった。
鍋島直茂の正室が死んだ時、四人の女性と四人の武士が死んでいる。直茂の嫡男の勝茂の正室が死んだ時も、女性が三人と武士が三人、追腹を切っている。夫婦が二組で、兄妹が一組であった。夫婦の一組は、二歳の子を残して殉死している。鍋島家では殉死に関しては、ジェンダーレスなのだ。

【上杉景勝《かげかつ》の殉死者】

上杉景勝には、二人の家臣が追腹を切った。中村甚助と高野孫兵衛だ。
景勝の法要などの節目ごとに二人の殉死が確認され、その子孫に加増があったり、永代大小姓に抜擢されたりなどの栄誉を受けたという。
殉死することで子孫が繁栄することを商腹《あきないばら》という。一見すると商腹は多そうだが、山本博文氏の『武士と世間　なぜ死に急ぐのか』（中央公論新社）によると、殉死者の子孫が加増されたなどの例はほとんどないらしい。商腹という言葉はあるが、その実例は皆無に近いという。
そういう意味では景勝に殉死した二人は、数少ない商腹の実例だったのかもしれない。

第38話 —— 殉死百景 3

江戸

前話・前々話と、興味深い殉死者を列挙してみた。ここでは殉死の雑学を書いてみたい。

まず、殉死者の多かった藩主は誰か。そのランキングを見てみよう。山本博文氏の著作によれば、ベスト5は以下のようになる。

一位　鍋島勝茂　二十六人
二位　細川忠利　十九人
三位　伊達政宗　十五人
三位　島津義久　十五人
五位　鍋島直茂　十二人

これを見てみると、鍋島家から二人の藩主がランクインしている。実際、鍋島家は殉死者が多いことで有名だった。前話にも書いたが、藩主だけでなく、藩主の正室が死んだ時にも殉死者を出している。その際は、侍女と思しき女性も複数殉死しているほどだ。

だけでなく、鍋島藩は家老が死んだ時でも殉死者が発生している。前話にあげた鍋島茂賢がそうだ。彼は武功により鍋島姓を下賜された家臣だった。彼が死んだ時、なんと二十二人もの家臣が追腹を切っている。藩主でなかったので、先のランキングには入っていないが、実質二位ということになる。鍋島家で、ワンツーフィニッシュしてしまうのだから、恐ろしい藩である。

なぜ、人々は殉死をするのか。理由はふたつあると思われる。

ひとつは、感情が沸点に達し自主的に腹を切るパターンだ。勇敢さや忠義を可視化する手段として追腹を選択する。

人々が、いかに殉死を渇望していたかがわかる逸話がある。対馬《つしま》藩主の宗義成《そうよしなり》が死んだ時、すでに追腹の約束をしている者が十三名いた。幕府が厳しく禁じたところ、対馬国の侍ら百六人が扶持を離れたという。殉死禁止に対する抗議である。ちなみに、宗義成逝去の一年後に十三名はしっかりと殉死した（うち一人は、又殉死者）。前述のランキングの五位になるはずだが、なぜか山本博文氏はいれていない。

もうひとつの理由は、同調圧力だ。

殉死を周囲が期待し、特定の人物を死へと追い込む。

前田利常《としつね》が死んだ時、六人の家臣が死んだ。そのうちの一人、竹田市三郎は主君の死を聞き、江戸から領国加賀《かが》へ急いだ。途中で加賀にいる妻から手紙が届いた。

〈御自宅へ御越しになるのは御無用かと存じております。（中略）私は去年の暇乞の時に、これが別れ

と覚悟いたしておりますので、今更逢いたいというような未練はございません〉（山本博文著『武士と世間』より抜粋）

　あなたは殉死するのだから自宅に帰る必要はありません、という意味だ。なかなかに怖い手紙で、夫が殉死するよう思いっきり背中を押している。

　利常のもう一人の殉死者の品川左門は、死の間際に名前を呼ばれるほどに寵愛を受けていた。ただ、跡を継ぐ前田綱紀《つなのり》を補佐するよう遺言があったので、追腹は切らなかった。しかし、一ヶ月ほどして恐るべき噂が江戸で湧き上がる。

〈左門は追腹を切った方が加賀守様の御為によい〉（前掲書より抜粋）

　この声を聞いた左門は、宝円寺において腹を切った。群集する参拝者たちの前での出来事であったという。外野の声の無責任さは、ＳＮＳ社会の誹謗中傷とよく似ている。

　三代将軍の徳川家光が死んだ時には、こんな落書が掲示された。

〈先に極楽に来ていた柳生宗矩《やぎゅうむねのり》一人がおりますが、かの者だけでは（家光様が）御不自由に思し召されているので（中略）中根正盛、永井重章、三好政盛らは（中略）早々に来るように申し渡してください。（中略）井上政重は、早速に（中略）極楽へ渡海させよとの上意です〉（前掲書より抜粋）

　極楽の家光から四人の家臣を殉死させるように要望がきたという内容だ。

　そういう同調圧力が世論としてあったのだろう。

　家光の殉死者のうち、前々話で取り上げた堀田正盛の家中には、又殉死者は出なかった。しかし、同じく家光に殉じた阿部重次《あべしげつぐ》や内田正信《うちだまさのぶ》らの家中には、又殉死者が発生した。

　又殉死者が出た家と出なかった家のちがいはなにか。堀田正盛の家中は法度が厳しいことで知られていた。つまり、正盛の遺命を守り、誰も又殉死者にならなかった。一方、又殉死者が出た二つの家は、法度がゆるかった。特に内田正信の家は風紀が乱れ、家臣たちが町でいさかいを起こすことが多かった。江戸市民から内田家は嫌悪されていたほどだ。

しかし、殉死事件があってから両家の評価は逆転する。又殉死者を出した内田家の方が、武士の心にかなうとされたのだ。当時の同調圧力の方向性が、いかに出鱈目だったかがよくわかる。

そんな殉死ブームも終焉の時を迎える。

寛文八年（一六六八）、奥平忠昌《おくだいらただまさ》が死んだ時、殉死者が出た。実は、その五年前、将軍家綱《いえつな》によって殉死の禁令が出されていた。幕府は果断な行動に出る。奥平家を減封し、殉死した家臣の子を斬罪に処したのだ。斬罪にされた子は不憫だが、これにより殉死は一気に下火になった。

だが、生を軽んじる気風は日本に生き続けた。そのわかりやすい例が、殉死者が多かった鍋島藩から出た山本常朝《やまもとつねとも》という家臣の言葉だ。藩主の寵愛を受けた小姓だったが、禁令のために殉死することができなかったという。彼は『葉隠《はがくれ》』という書物を著し「武士道と云ふは死ぬ事と見つけたり」と記す。

この言葉は幕府滅亡後も亡霊のように生き残った。太平洋戦争に突入した日本人のメンタリティに少なくない影響を及ぼしたのではないか。

ＳＮＳ社会では、時に死につながる誹謗中傷が起こる。殉死の同調圧力は現代社会にもしぶとく生き残っている。そう考えざるをえない。

第39話 ─ 落語とビットコイン

江戸

株や投資、為替、仮想通貨など、今や一般庶民も投機的な取引をするのが当たり前になった。ビットコインなどは、値段の乱高下が特に激しい。二〇一七年の三月は一ビットコインが十万円程度だったのが、年末には二十倍の二百万円になったりもした。

実は、江戸時代にも、あるものの値段が一気に二十倍にも高騰した。貨幣ではない。南天《なんてん》の実と梅干しである。

『遊芸起源』という史料には、〈諸人購ひ求めしかば、南天の実と梅干しの価、おおよそ二十倍にものぼれり〉と記されている。

ビットコインの二〇一七年三月から年末までの暴騰と、そっくり同じことが起こったのだ。元禄六年（一六九三）四月下旬のことである。

ちなみに、この事件には裏で糸を引いている人物がいた。そして、そこにはある落語家と彼が考案した咄《はなし》がかかわっていたのだ。

それは、一冊の書物からはじまった。『病除の方書』と題された書物である。そこには、こんなことが書かれてあった。

〈或所の馬物語りしには今年はソロリコロリと呼べる悪疫流行す〉

そんな妖言が書かれていたのだ。

史料によっては、この年にコレラが大流行し一万数千人が死んだ、ともある。ただ、コレラの日本最初の流行は文政五年（一八二二）なので、やや疑問もある。

コロリの流行はともかく、『病除の方書』には続いてこんなことが書かれてあった。

〈これを妨んには、南天の実と梅干しとを煎じて服すれば即効あり〉

これを信じた人々が、南天の実と梅干しを大量に買いあさり、値段が二十倍にも暴騰したのである。

この騒乱を主導した黒幕がいる。

誰かわかるだろうか。

犯人は、この事件でもっとも利益を得た人物――そう八百屋である。

この騒動は、神田須田町《かんだすだちょう》の八百屋の惣右衛門と浪人の筑紫園右衛門《つくしそのえもん》が仕組んだものだった。

病除けの冊子を販売し八百屋の食材の値段を釣り上げるとは、なかなかの知能犯である。

だが、彼らが謳歌した春は短かった。事態を重くみた町奉行所は、ただちに調査を開始。六月十八日に触書《ふれがき》を出して、情報提供などを求めた。

結果、惣右衛門と筑紫園右衛門が捕まってしまう。

そんなふたりには、厳しい〝お調べ〟が待っていた。なぜこんな話を思いついたのか、と追及される。

そこで名前が出たのが、江戸落語の祖と呼ばれる鹿野武左衛門《しかのぶざえもん》である。

鹿野武左衛門はもともと大坂難波の出身だが、若い頃に江戸に出て、辻に立ち笑い話を演じ、大好評を博した。大名や豪商に呼ばれて、座敷で様々な笑い話を披露する。モノマネなどを取り入れた笑話は〝座敷仕方咄《ざしきしかたばなし》〟とも呼ばれ、これが後の落語につながったといわれている。

鹿野武左衛門は笑話の本も出板しており、そこには現代の落語のもとになった咄もいくつかある。

ちなみに拙著の『天下一の軽口男』にあるように、同時期に京都に露の五郎兵衛《つゆのごろべい》、大坂に米沢彦八《よねざわひこはち》と、京都大坂にも落語の祖と呼ばれる人物が登場している。

では、そんな落語の祖・鹿野武左衛門と、今回の騒動がどう関係あるのか。

実は、馬が悪疫流行を予言するというデタラメを思いついたのは、鹿野武左衛門が出板した笑話集『鹿の巻筆』に掲載された咄のひとつ「堺町馬の顔見世」からだったという。

「堺町馬の顔見世」は、こんな他愛のない咄である。歌舞伎の市村座に入門した若者が、ある役をもらう。それは、馬の後ろ足というものだった。そこで舞台に出たところ、客席から「馬様」と声がかかった。その声に応えようと、馬の後ろ足役の男が「ひひん」といって乗っていた花形役者《はながたやくしゃ》を落っことす。

馬役の男が言葉（ひひん）をしゃべったところから、馬が悪疫流行を予言するという内容をふたりは思いついたという。かなり強引な話である。が、鹿野武左衛門にとっては他人事ではなかった。

なんと、この証言を重くみた奉行所は、鹿野武左衛門も処罰したのである。

最も重い罰は、浪人の筑紫園右衛門。翌年の三月十一日に斬首されている。

不幸だったのは、八百屋の惣右衛門で、遠流の罰で一命を救われるはずが、追放前に牢内で病死。あるいは、流行のコレラにでも感染したのだろうか。

最も軽い罪は、『鹿の巻筆』を出板した板元の弥吉で、同書の板木焼却の上、江戸追放。

そして、鹿野武左衛門である。海の向こうの大島へと流罪になってしまった。

笑い話が災厄を呼びこむとは、何という皮肉か。

ただ、鹿野武左衛門の配流はなかったという説もある。

鹿野武左衛門は恩赦《おんしゃ》により、元禄一二年（一六九九）四月に江戸に帰国し、その年の八月に病死。

筆禍により芸人人生を絶たれた鹿野武左衛門だが、彼の考案した咄は形を変えながらも今も残っている。そのひとつが、災いを呼びこんだ「堺町馬の顔見世」だ。今も落語として残る「武助馬」という咄の原型である。

江戸版ビットコイン騒動に巻き込まれた鹿野武左衛門、芸人生命は儚くも散ったが、考案した咄は不死鳥のごとく今も生き続けている。

第40話 ― 苛烈な改革者・蜂須賀重喜

江戸

上杉鷹山《ようざん》になり損ねた男と評されるのが、阿波《あわ》・淡路《あわじ》二ヶ国二十五万石の藩主・蜂須賀重喜《はちすかしげよし》だ。宝暦と明和の二度、藩政改革を断行するが、失脚の憂き目にあってしまう。

重喜は、秋田藩二十万石の佐竹《さたけ》家の一族である。父は佐竹家の支藩の新田藩二万石の藩主だった。

一方の蜂須賀家は、祖をたどると豊臣秀吉を支えた蜂須賀正勝《まさかつ》になる。しかし、藩主の早逝が相次ぎ、五家老と呼ばれる五人の家老が政治を混乱させ、三十万両の借財を抱えていた。

そんな蜂須賀藩に、十七歳の重喜が養子入りして家督を継ぐことになった。蜂須賀家十代藩主・蜂須賀重喜の誕生である。

彼が改革の狼煙《のろし》をあげるのは、藩主になって五年後の宝暦九年（一七五九）、二十二歳の頃だ。

蜂須賀家は、家中が十の階級に分かれていた。最上位の家格が前述した仕置《しおき》職になれる家老の五家、次が中老の家格グループという具合だ。重喜はまずこの十の家格を三つに編成し直し、さらに家格に関係なく、有能ならば家老などの上級職に昇格できるようにした。俸禄《ほうろく》が低い家臣が高い地位についた時のため、足高と呼ばれる臨時俸禄手当も設けた。

家老たちは烈火のごとく反対する。急先鋒は家老の山田真恒《やまださねつね》で、藩主に抗議文をつきつける。重喜も黙っていない。山田を呼び出し、あえて家格の低い藩士の席に着席させる屈辱を与えた上で、先の抗議文に激烈な反論を加え、その全てを論破した。

しかし、重喜の改革は家老以下の家臣たちの賛意も得られなかった。あまりにも性急すぎたのだ。そこで重喜が出した奇策は〝隠居《いんきょ》〟だ。養子にした君主をたったの五年で引退させれば、幕府への外聞も悪い。家臣たちが戸惑っているところに、重喜は改革案を取り下げ、隠居を取りやめることを決定。

これによって、中老以下の家臣の支持を取り付けることに成功した。

改革よりも優先すべきは五家老の排除と思い直したのだろう。抗議文を提出した山田真恒は蟄居《ちっきょ》（後に重喜を呪詛したことがばれて切腹）。さらに三人の家老も同様に粛清。最後の家老の稲田は、淡路国大名の地位を約束させ寝返らせてから、病気療養を理由に隠居させた。

この粛清劇を他家から来た若者が成したのだから、恐るべき辣腕という他ない。実は、五家老排除を成功に導いたのには理由があった。

それは、重喜と五家老がある〝密約〟を結んでいたからだ。

蜂須賀家では精神疾患のある男児が何人か生まれていたため、蜂須賀家の血をひく男児を当主に据えないという密約を五家老と重喜が結んでいたのだ。その密約の書状は今も残り、日付は重喜が養子入りして三年目の宝暦六年。まだ、改革に着手していない頃だ。

この密書があったために、五家老側は重喜に対して強硬策に打って出ることができなかったのではないか。重喜が密約をばらせば、五家老は不忠の誹《そし》りを免れないからだ。

五家老の粛清と並行して、重喜は財政改善にも着手する。質素倹約の徹底、新田開発、淡路の由良港の開発などなど。

最も力をいれたのが特産品の藍《あい》での収益アップだ。重喜は、徳島に藍の取引市を設営することを決める。明和三年（一七六六）七月のことだ。

しかし、これは阿波の藍をほぼ独占していた大坂商人の怒りを買った。大坂町奉行所に嘆願書を提出し裁判となった。審理は、蜂須賀藩有利に進んだ。しかし、ここで江戸の老中から審理を白紙に戻すよう連絡が入る。それも一度でなく二度もだ。そして経緯は不明だが、審理結果は大坂町奉行所ではなく、老中から下されることに。

結果は、徳島の藍の取引市は不可。

理由は〝先例にない〟だ。

実は、その何ヶ月か前、怪文書が流行した。『阿淡夢物語』と題され、著者は浪華散人《なにわさんじん》という謎の人物。内容は、重喜の父が蜂須賀家の家老と結び、謀略でもって重喜を藩主の座につけたというもの。さらに藩主になってからの重喜の出鱈目の悪行が書き連ねられていた。

この文書は文春砲のごとき威力を持ち、巷に重喜の悪評が広がった。裁定にも間違いなく影響を及ぼしたであろう。重喜は法の公平さではなく、歪められた風評によって藍戦争に敗北したのだ。

しかし、重喜もさるもの。彼は対抗策をすでにうっていた。最初の年こそは幕府の裁定通り藍は全て大坂に送る。しかし、翌年は七割しか送らない。次の年は五割、次の年は三割と徐々に徳島の藍市の割合を増やしていくというもの。子供だましに見えるこの詐術が発覚するのは二十年後だから、ある意味で藍戦争の本当の勝者は重喜だったのかもしれない。

名を捨て実をとる戦法で藍の支配には一定の成功を見たが、重喜の改革は途中で頓挫した。幕府に〝行跡宜しからず〟と訴えられたのだ。五家老を排除した重喜は、足高の制度で腹心の家臣を家老やそれに準ずる職につけていた。これを幕府は、身分制度を破壊しかねない危険な行いだと判断したのだ。『阿淡夢物語』で悪評が広まっているのも悪かった。

若き麒麟児・蜂須賀重喜は隠居に追い込まれ、それまでの改革は全て旧規に戻された。

この時、三十二歳。

後に、画家の司馬江漢《しばこうかん》が熱海の温泉で重喜と出会った時、美声で読書し武芸に熱心に励む姿は『阿淡夢物語』の暗君のそれとは同一人物とはとても思えないと感嘆している。

第41話　徳川家斉の種馬戦略 1

江戸

第十一代将軍・徳川家斉《いえなり》は多くの子供をもうけたことで有名だ。数は諸説あるが、『遊王　徳川家斉』（岡崎守恭／文藝春秋社）では男子が三十人（流産含）、女子が二十七人（流産含）、性別などが確認できない子が二人の合計五十九人とある。令和の現在であれば、子供だけで小学校のクラスを二つ作れる。

家斉は根っからの女好きだった。大奥と医師が、将軍・家斉の筆下ろしをいつにすべきかを議論したことがある。天明八年（一七八八）のことで、家斉は数えで十六歳だった。すでに、島津家から正室は輿入れしている。大奥側は家斉に経験させてもいいだろうという判断だったが、奥医師側から慎重論が出て、将軍筆下ろし計画は頓挫した。

なのに、その五ヶ月後の寛政元年（一七八九）三月、側室のお万が家斉の第一子である女の子を産んでしまったのだ。奥医師や大奥が大真面目に協議している時、すでに家斉はお万を抱いていたのだ。

生来の女好きだった家斉は、以後、三十八年間で五十九人の子供をもうける。年齢にすると、十六歳から五十四歳の間である。

当然のごとく、一年に複数の出産があったこともざらだ。享和三年（一八〇三）、家斉三十一歳の時には五人もの子供が誕生した。寛政八年（一七九六）、寛政十年（一七九八）、文化十年（一八一三）はそれぞれ四人の子供が誕生（ただし、流産なども出産として含めた）。

逆に、子供が生まれなかった年は三十八年間で、たったの九年しかない（ただし、流産した年がわからないケースが二件ある）。

家斉の子を産んだ正室、側室は十七人いて、面白いのはほとんどが複数の子を出産していることだ。子を一人しか産まなかった側室は三人しかいない。案外に、家斉は情の深い男だったのかもしれない。

なお、最初の子を産んだお万は、四人目の子が四歳で早逝した時に「御褥御免《おしとねごめん》」を申し出て側室の役割を辞退したという。もしかしたら、一人しか産まなかった女性も、そういう制度を利用して次の出産を断った可能性がある。

最も多くの子を産んだのは、お八重という女性だ。文化六年（一八〇九）の初産から十二年間で、八人の子を産んでいる。

次に七人を出産した側室が二人いて、お蝶が享和元年（一八〇一）から十四年間、お袖が文化四年（一八〇七）から十五年の間に産んでいる。

五人出産の側室も二人いて、お以登は文化十二年（一八一五）からの十年間、お登勢は寛政十二年（一八〇〇）から五年間で子供を五人授かっている。

何より、家斉自身も子を授かるために猛烈な努力をした。オットセイの陰茎と睾丸を原料にした漢方薬を頻繁に服用したので、オットセイ将軍と渾名されたほどだった。さらに享保年間に徳川吉宗《よしむね》が輸入し繁殖させた牛から作ったチーズ、生姜や茗荷などの食品をせっせと飲食し、男としてのポテンシャルを維持するのに必死になっていた。

子をたくさんもうけるのは、間違った行いではない。将軍の一番の仕事は後継者を確立することだからだ。そして、将軍になれない子供は他家へ養子入りさせたり、嫁入りさせたりする。そうすれば、徳川幕府はますます安泰になる。

実際に将軍位を継いだ家斉の次男の家慶《いえよし》以外は、次々と養子や嫁に出されている。

〝標的〟にされたのが、御三家や御三卿《ごさんきょう》――将軍家の世継ぎが断絶した時、将軍になる可能性のある家だ。尾張《おわり》、紀州《きしゅう》の徳川家はそれぞれ三人の男子を養子として送りこまれた。（ただし、清水→尾張のように御三卿から御三家に養子先を変えた子もいるので、最終の養子先でカウント）

男子の養子の受け入れ先を見てみると、前述したように御三家・御三卿の徳川一門が七人、福井藩、津山藩、明石藩などの譜代に五人。外様では、鳥取藩の池田家、阿波《あわ》藩の蜂須賀家の二家に二人の養子を送りこんでいる。将軍位の対抗馬となる一門、あるいは有力譜代を標的にしていることがわかる。

女子はというと、これは男子ほど露骨には一門衆を標的にしていない。嫁ぎ先や婚約先を見ると、バランスのいい配置になっている。

一門衆では、尾張、水戸、一橋《ひとつばし》にそれぞれ一人ずつ嫁として送りこんでいる。

譜代は、会津《あいづ》藩、高松藩などに四人。

外様は、加賀《かが》藩の前田家、安芸《あき》藩の浅野家、佐賀藩の鍋島家、長門《ながと》藩の毛利家という大藩に一人ずつで六人。

尾張藩、鳥取藩、福井藩などは養子と嫁の両方を受け入れている。その内の鳥取藩池田家では、家斉の息子と娘を正室と養子として受け入れている。つまり、養子から見れば義理の母が姉というケースである。

尾張藩などは九代藩主がまず家斉の男児と養子縁組するも早逝、十代藩主の嫁に来たのが家斉の最初に生まれた女子だが子に恵まれず、さらに家斉の男児を養子縁組して十一代藩主とするもこれも早逝、四度目の正直で家斉の男児と養子縁組して十二代藩主としている（そして彼も早逝した）。

しかし、家斉の種馬戦略は、要した労力に見合う結果は得られなかった。尾張家のケースを見てもわかるように、皮肉なことに五十九人の子供たちは早逝した者が多かったからだ。

次は、早逝していく息子娘たちに家斉や幕府がどんな手を打ったかを見ていく。

第42話　徳川家斉の種馬戦略 2

江戸

前話は十一代将軍・徳川家斉の種馬戦略について書いた。オットセイの陰茎と睾丸を原料とした漢方薬を処方するなどして精力をキープすることで、家斉は三十八年間で五十九人の息子・娘をもうけることになる。その内訳は、男児が三十人、女子が二十七人、性別不明が二名。

そして生まれてきた男児は、将軍位を継承する可能性のある御三家や御三卿を中心に養子として送りこまれ、女子は御三家や御三卿だけに限らず、譜代や外様の雄藩に嫁がせて血脈を広げようとした。

しかし、ここで思わぬ誤算が出来《しゅったい》する。

五十九人もの子供たちのほとんどが早逝してしまったのだ。実際に、彼らの平均年齢はいくつなのかを計算してみると、十七・二歳という結果がでた（数え齢、流産した子供も数え一歳でカウントしている）。

内訳を見てみると、生後一年を待たずに死没した子供が十二人（流産含む）、二年を待たずの死没は十一人、三年から五年のうちの死没が十一人、二十歳を待たずに他界したのが七人。

二十歳にならずに死んだ子供たちを合計すると、四十一人にも及ぶ。

さらに見ていくと二十代で没したのが五人、三十代が三人、四十代が二人、五十代が六人、六十代と七十代での他界がそれぞれ一人。

養子縁組しながらも、藩主の座につくことなく早逝した男児も六人いる。

家斉は天保十二年（一八四一）に六十九歳で没するが、この時点で生きている子供は十人しかいなかった。

そんな短命の子供たちなので、家斉の孫をもうけることも難しかった。家斉の息子七人と娘四人が、家斉の孫をもうけたが（十一人の孫がいるという意味ではない）、そのうちの三人が授かった孫は早逝し、その後、成人する後継者や娘をもうけることはできなかった。実質は八人の息子娘しか子孫を残せなかったことになる。

確かに家斉の孫には十三代将軍、十四代将軍がおり、前田家、池田家、一橋徳川家の藩主・当主になった者もいる。歴代の将軍と比べれば、かなり多くの子息を他家に養子として送りこみ、藩主にさせたのは事実だが、かけた労力に見合う結果かといわれれば疑問だ。

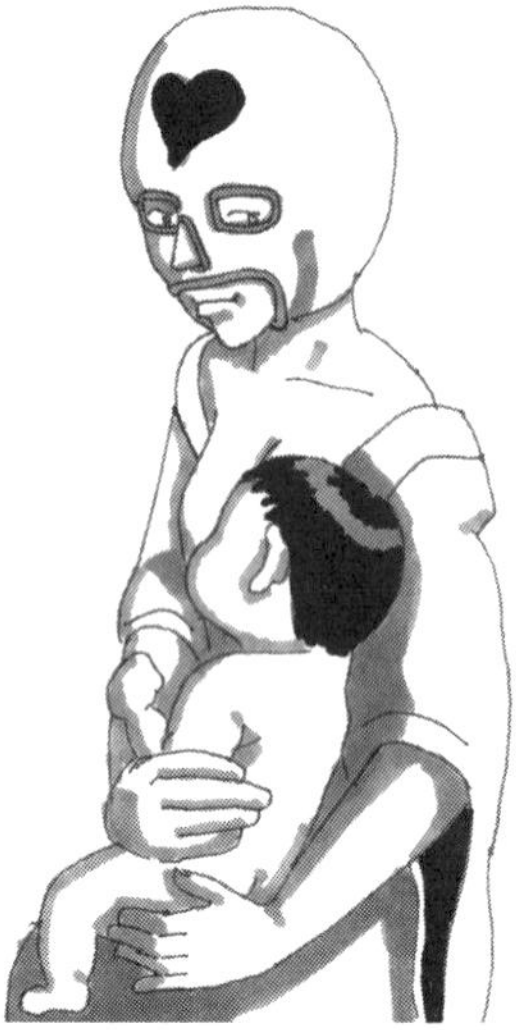

息子や娘がことごとく早死にする原因は何だったのか。ちなみに家斉自身はかなりの健康体だったようで、冬でも薄着で火鉢で手を炙る程度でよかったという。子供たちにその健康が遺伝しなかったのは皮肉という他ない。
問題をひとつ上げると、〝育て方〟である。
特に母乳を飲ませる環境が劣悪だったようだ。当時は、御乳持《おちもち》という役目の女性が担っていた。御家人の娘から選ばれる役だ。お目見えできる旗本ではなく、武士としてはかなり身分が低い。

ここで問題になったのは、御家人の娘が将軍の子供に乳をやることだ。お目見え以下なのに、将軍の子供と直に触れ合うのは都合が悪いということになった。その解決策が、覆面をして授乳することだった。さらに赤ん坊を抱くことも禁止された。横から別の女性が将軍の赤子を支えた上で、おっぱいだけ出して乳を吸わせたのだ。

スキンシップが極端に少ない育児は、子供に悪影響しか与えないだろう。

御乳持に支給される食事も貧相なものだった。『遊王　徳川家斉』（岡崎守恭著）によると、魚が出るのは三日に一度。出たとしても古くなっており、とても口にできる代物ではなかったとか。栄養摂取が満足にできるわけがない。家斉の子供が早逝した原因のひとつかもしれない。

さて、由々しき早逝率だが、なぜかそれが改善された。

実際に家斉の子供を前半と後半に分けて見てみる。

前半生まれた子の平均寿命は十・九歳。

後半生まれた子は二十三・一歳。

十歳までに早逝した人数も見てみる。

前半は二十二人。

後半は十人。

と、かなりの改善が見られている。何が起こったかというと、御乳持に旗本の娘も登用されることになったのだ。人手不足のため苦肉の策だったらしいが、これによって覆面なしで抱いて赤子に授乳できるようになった。きっと食事も改善されただろう。

もっとも本当に乳のやり方を変えたことで、死亡率が下がるかどうかの科学的根拠はないそうなので『ホンマでっか⁉TV』（フジテレビ系）程度の信憑性かもしれないが、面白いデータではある。


さて、そんな家斉であるが、実は彼よりも子沢山の大名がいた。岡山藩二代目藩主の池田綱政《つなまさ》である。前述書によると、その数は男子が二十一人、女子が三十一人、このほか赤子のうちに亡くなったのが十六、十七人なので、合計で六十八〜六十九人の子供がいたことになる。

ちなみにこちらも家斉同様、早逝する子供が多かった。跡を継いだ池田継政《つぐまさ》は、なんと十七男。兄たちが早死にしたり病弱だったりしたせいで、十七番目の男児に藩主の座が巡ってきたというわけだ。

しかし、この子沢山日本一には疑問があるという。というのも、ナンバー2の家斉に、実は公式記録に残らない子がいたかもしれないからだ。

家臣の川村修富《かわむらながとみ》の日記に、大奥の中﨟《ちゅうろう》が懐妊したので川村が内密に処理し、褒美として銀二枚をもらった、と書かれているという。他にも、大奥女中が懐妊したので順番により自分が処理した、とも記されている。順番ということは、幾度も処理する機会があったということだろう。

川村の日記にはこうした記述が散見されるという。

もし家斉の隠し子を、川村たちがローテーションを組んで内々に処理していたとしたら、子供の数は七十人ではきかないだろう。

恐るべき種馬将軍である。

第43話 ― 幕末最強は誰だ

江戸

幕末の京は、剣客オリンピックのような状態だった。

では、その中で最強の男は誰だろうか。今回はそんなことを考えてみたい。

最強候補が多数在籍するのは、やはり新撰組《しんせんぐみ》だろう。沖田総司《おきたそうじ》、永倉新八《ながくらしんぱち》、斎藤一《さいとうはじめ》あたりは相当強かったのではないか。近藤勇《こんどういさみ》や土方歳三《ひじかたとしぞう》も弱くはなかったであろうが、永倉の証言によると「沖田が相手だと、土方も子供扱いされた。きっと近藤も同様だろう」とある。さらに新撰組隊士の証言では「一に永倉、二に沖田、三に斎藤」とある。

新撰組内での最強は、この三名に絞ってよさそうだ。

では、この三人の中では誰が最強だろうか。

神速の三段突きをもつ沖田総司は強そうだ。が、彼は不幸にも早逝してしまった。その儚さゆえに、力量に下駄を履かせられているような気がする。芹沢鴨《せりざわかも》や内山彦次郎《うちやまひこじろう》の暗殺で成果を上げたが、これは多人数で少人数を襲う作戦なので、強さの証にはならない。

そういう意味では、少人数で突撃した池田屋事件で活躍した永倉新八はかなり強そうだ。負傷途中退場した沖田とちがい、最後まで戦いぬいたタフネスは評価できる。なにより幾多の戦いに身を投じながらも、明治まで生き抜いたのは剣客としての強さがあったからではないか。

明治になって孫と映画館に行った時、チンピラに絡まれた晩年のエピソードが個人的に好きだ。最初こそはやられていたが、永倉老人が気合をいれるや否や、チンピラたちは怯えて去っていった。永倉が潜りぬけた修羅場の凄まじさを証明する逸話ではあるまいか。

斎藤一は、そんな永倉から「無敵の剣」と絶賛された。永倉同様に明治まで生き抜くだけでなく、西南戦争でも活躍。ただ、剣歴を見れば汚点もある。慶応三年（一八六八）の天満屋《てんまや》事件では、三浦休太郎を斎藤一ら七名が警護していたが、そこに海援隊・陸援隊の隊士ら十五名が襲撃してきた。三浦休太郎の命はなんとか守ったが、護衛する新撰組は二名が死亡、三名重軽傷という惨憺たるものだった。斎藤一自身も、隊士の梅戸勝之進が身をていして庇わなかったら命が危うかったという。

いかに相手が大人数とはいえ、案外にだらしがない。襲撃の危険があったからこその護衛である。油断していたとはいえ、マイナス材料だ。

こうしてみると襲撃する時よりも、襲撃された時の対応で強さの度合いが測れるかもしれない。そこで名前が挙がるのが、岡田以蔵《おかだいぞう》だ。これは私の考えでなく、ある漫画家さんが幕末最強は以蔵だと作中で論を述べておられたのだ（失礼ながら名前は失念した）。私もその内容に大いに頷けるところがあった。人斬りと恐れられた岡田以蔵だが、暗殺者に襲撃された時にも剣客としての実力を十二分に発揮し

ている。一度目は、勝海舟《かつかいしゅう》護衛時。三人の刺客が襲ってきたが、以蔵は動揺することなくひとりを斬殺。残る二人は、あっという間に逃亡した。

二度目はジョン万次郎護衛の時。墓地で四人の刺客に襲われた。以蔵は落ち着いたもので、ジョン万次郎に墓を背にするように指示。四人以外の伏兵もいることを伝えた上で、二人を斬殺。残る二人は逃げてしまったという。

護衛する側は、常に緊張を強いられる。その精神的タフネスもさることながら、襲われた時の瞬発力はさすがだ。

私が個人的に強かったのでは、と思うのが京都見廻組《みまわりぐみ》の佐々木只三郎《ただサぶろう》。

彼が清河八郎《きよかわはちろう》を暗殺した時のことだ。まず偶然を装って、佐々木は往来で清河と出くわす。

当然、清河は佐々木を刺客だと警戒している。これに対して佐々木は「お久しぶりです」といって被っている笠を取ったのだ。虚をつかれた清河が、思わず自分の被っている笠に手をやった刹那、潜んでいた刺客が背後から一刀のもとに斬り伏せた。

一対一ではないというマイナスポイントはあるが、それを差し引いても見事な暗殺劇だ。ボクシングの試合を見ていると、予想外の行動をとられると選手は対応できないことがある。ラウンド終了十秒前の拍子木をゴングと勘違いし、打つのをやめた選手を見たことがある。相手選手にしてみればチャンスのはずだが、同じように固まってしまった。ありえない行動ゆえに、とっさに反応できなかったのだ。真剣勝負ゆえのエアポケットだろう。

佐々木は、このエアポケットを意図的に作り出した。なかなかできることではないし、逆に笠に手をやった瞬間に清河八郎に斬られてもおかしくない。相当な度胸である。

これはスポーツでいえばフェイントの類だ。フェイントは二回目からは通用しないのがスポーツの常だが、真剣勝負の殺しあいならば一回ひっかければ相手を殺せるので、二回目を気にする必要はない。もし幕末剣客座談会があれば「佐々木とはやりたくない」と答える剣客は多そうだ。さらに坂本龍馬暗殺も成功させたとされるなど、暗殺した人物の重要度では新撰組を凌駕するのではないか。ちなみに佐々木は小太刀日本一と称された腕前なので、普通に一対一でも強かったであろう。

そんなことを考えていると、ふと思いだしたのは京都の染色家の故吉岡幸雄氏の言葉だ。拙著『敵の名は、宮本武蔵』の取材に訪れた時に、ある言葉を教えてもらった。

「京で人を殺すのに刃物はいらん。噂で十分」

京都では、悪評が広がれば取り返しがつかないことになる様を「噂で人を殺す」と表現したのだ。確かに京都では評判こそが命で「白足袋に気をつけろ」という言葉も聞いたことがある。芸舞妓や僧侶など白足袋を履いた人物に悪評をたてられると致命的という意味だ。

吉岡氏は、私にこういいたかったのではないか。

「武蔵が強いといっても、所詮は剣でしか人を倒していない」

なるほど、千年の都に住む人々にとっての〝強い〟とはそういうことなのか、と目から鱗が落ちる思いだった。そういう意味では幕末最強の称号は、京都の人々にこそ捧げられるべきかもしれない。

木下昌輝　歴代小説作品ヒストリー

木下昌輝
歴代小説作品 ヒストリー

1974年 生誕

1997年 近畿大学理工学部建築学科卒業

2012年 『宇喜多の捨て嫁』第92回オール讀物新人賞受賞

2014年 『宇喜多の捨て嫁』文藝春秋

2015年 『人魚ノ肉』文藝春秋

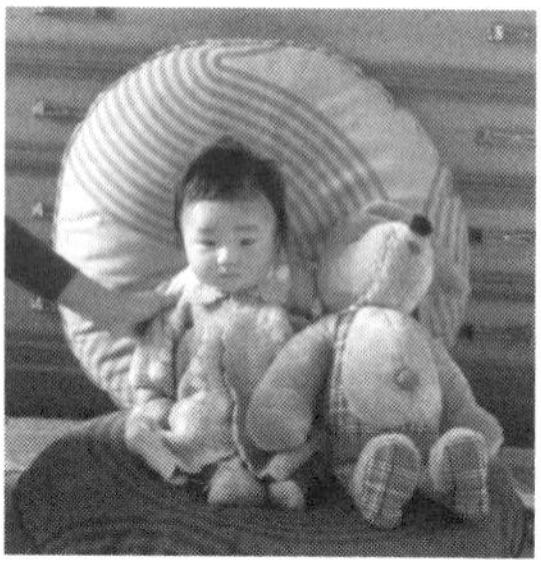

2016年

『天下一の軽口男』幻冬舎

『戦国24時 さいごの刻』光文社

2017年

『敵の名は、宮本武蔵』KADOKAWA

『秀吉の活』幻冬舎

2018年

『兵』講談社

『宇喜多の楽土』文藝春秋

週刊大衆で連載開始

『絵金、闇を塗る』集英社

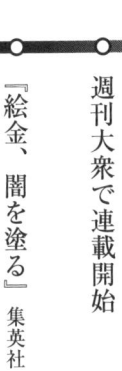

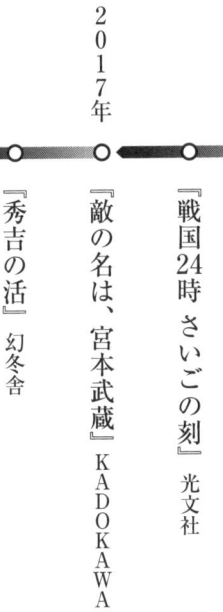

2019年

『炯眼に候』文藝春秋

『金剛の塔』徳間書店

『戦国十二刻 始まりのとき』光文社

『信長、天を堕とす』幻冬舎

2020年

『まむし三代記』朝日新聞出版

『信長 空白の百三十日』文藝春秋

『戀童夢幻』新潮社

2021年

『応仁悪童伝』角川春樹事務所

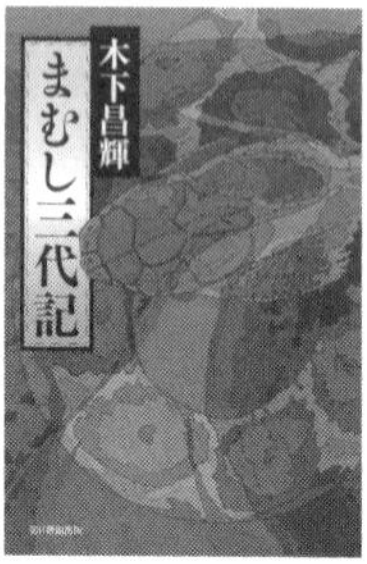

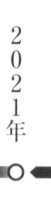

2022年

『孤剣の涯て』 文藝春秋

『戦国十二刻 女人阿修羅』 光文社

2023年

『剣、花に殉ず』 KADOKAWA

2024年

『愚道一休』 集英社

『秘色の契り』 徳間書店

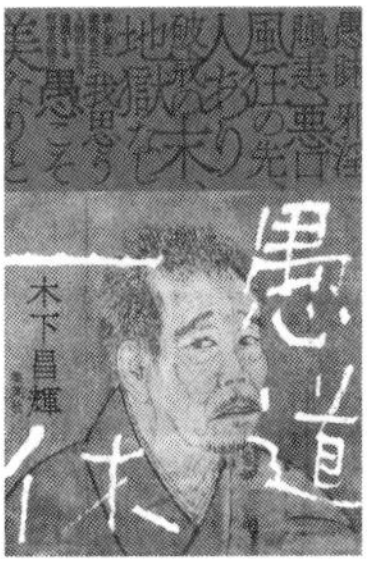

※『信長 空白の百三十日』は小説作品ではない著作となります

本書籍は『週刊大衆』(双葉社) で
連載したものを抽出・改稿したものです。

プロの小《しょう》説《せつ》家《か》が教《おし》える
歴《れき》史《し》作《さっ》家《か》の㊙《マルヒ》ネタ帳《ちょう》

2025年4月19日　第1刷発行

著　者　木下《きのした》昌《まさ》輝《き》
発行者　島野浩二
発行所　株式会社双葉社
〒162-8540　東京都新宿区東五軒町3番28号
［電話］　03-5261-4818(営業)
03-5261-4854(編集)
http://www.futabasha.co.jp/(双葉社の書籍・コミック・ムックが買えます)
装　丁　縄田未央
印刷所　中央精版印刷株式会社
製本所　中央精版印刷株式会社

ISBN978-4-575-31965-1　C0095